Peter Hruschka, Gernot Starke

Knigge für Softwarearchitekten
Reloaded

Peter Hruschka, Gernot Starke

Knigge für Softwarearchitekten

Reloaded

entwickler.press

Peter Hruschka, Gernot Starke
Knigge für Softwarearchitekten. Reloaded

ISBN 978-3-86802-100-4

© 2014 entwickler.press

Ein Imprint der Software & Support Media GmbH

Bibliografische Information Der Deutschen Bibliothek
Die Deutsche Bibliothek verzeichnet diese Publikation in der Deutschen
Nationalbibliografie; detaillierte bibliografische Daten sind im Internet
über http://dnb.ddb.de abrufbar.

Ihr Kontakt zum Verlag und Lektorat:
Software & Support Media GmbH
entwickler.press
Darmstädter Landstraße 108
60598 Frankfurt am Main
Tel.: +49 (0)69 630089-0
Fax: +49 (0)69 630089-89
lektorat@entwickler-press.de
http://www.entwickler-press.de

Lektorat: Theresa Vögle
Korrektorat: Frauke Pesch
Copy-Editor: Nicole Bechtel, Lisa Pychlau-Ezli
Satz: Dominique Kalbassi
Umschlaggestaltung: Maria Rudi
Titelbild: Lehrer Lämpel, Quelle: Wikipedia, http://de.wikipedia.org/
wiki/Max_und_Moritz#mediaviewer/Datei:L%C3%A4mpel.jpg
Belichtung, Druck & Bindung: Media-Print Informationstechnologie GmbH,
Paderborn

Inhaltsverzeichnis

Inhaltsverzeichnis

Inhaltsverzeichnis

Erfolgsmuster

entwickler.press

Prolog

Knigge?

Der klassische Knigge [1], Originaltitel „Über den Umgang mit Menschen" beschreibt Umgangsformen unter Menschen, insbesondere die anzustrebenden „guten Manieren": Sie sollen nicht mit vollem Mund bei Tisch sprechen, nicht die Finger ablecken, alten Damen über die Straße helfen und so weiter.

Damit machen Sie sich im täglichen Leben beliebt und können Eindruck schinden. Zur Berufslaufbahn „Softwarearchitekt" hingegen schweigt die klassische Benimmliteratur.

Der Schriftsteller Freiherr Adolph Knigge (1752-1796)

Knigge Pattern Language

© Peter Hruschka & Gernot Starke

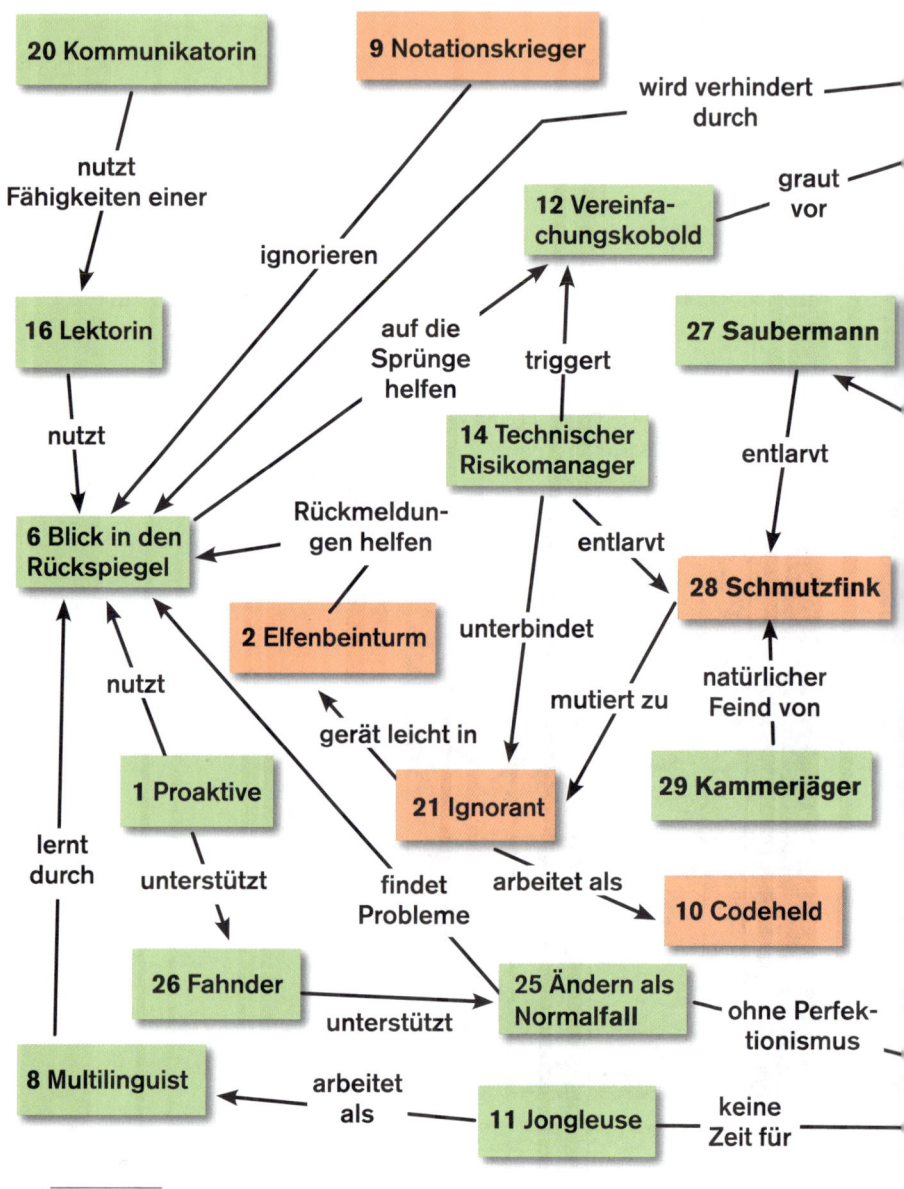

entwickler.press

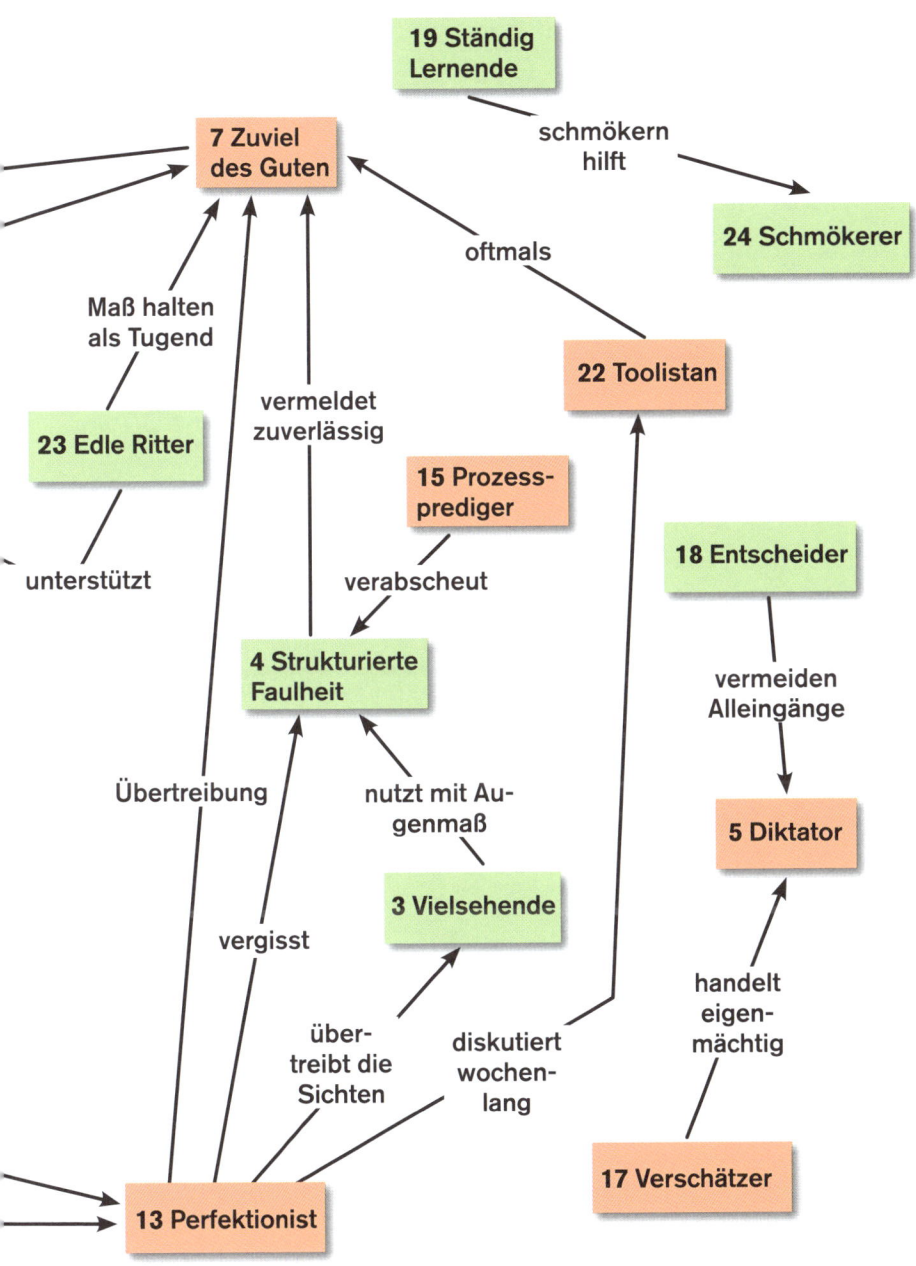

19 Ständig Lernende

schmökern hilft

7 Zuviel des Guten

24 Schmökerer

Maß halten als Tugend

oftmals

22 Toolistan

vermeldet zuverlässig

23 Edle Ritter

15 Prozess-prediger

18 Entscheider

unterstützt

verabscheut

4 Strukturierte Faulheit

vermeiden Alleingänge

Übertreibung

nutzt mit Au-genmaß

5 Diktator

vergisst

3 Vielsehende

über-treibt die Sichten

diskutiert wochen-lang

handelt eigen-mächtig

13 Perfektionist

17 Verschätzer

Vorwort und Danksagung

In unserem Berufsleben durften wir Systeme in unterschiedlichen Branchen und bei vielen verschiedenen Kunden entwerfen und begleiten. Dazu gehörten Embedded Systems, Informationssysteme, Anlagen- und Produktionssteuerung, Web- und Data-Warehouse-Anwendungen, entwickelt und betrieben auf Mainframes, Client-/Server Clustern bis zu Standalone-Anwendungen. Dabei haben wir Licht und Schatten erlebt, sowohl hervorragend produktive als auch grausig schlechte Projekte, mit und teilweise auch ohne zugehörige Architekten. In diesem Buch stellen wir unsere Beobachtungen von SoftwarearchitektInnen und deren Verhalten in Form von „Mustern" dar. Organisationsmuster für andere Bereiche der IT finden Sie in [2] und [3].

Wir gehen einen etwas anderen Weg als der alte Freiherr von Knigge, indem wir bewusst sowohl gutes wie auch schlechtes Verhalten von Softwarearchitekten vorstellen.

Sie lernen, wie man durch Erfolgsmuster bessere Systeme konstruiert und schlechte Architekturmanieren („Anti-Patterns") vermeidet.

Gute Architekten bauen gute Systeme

Wir sehen als wesentliches Merkmal guter Architekten, dass sie unter den jeweiligen Umständen die bestmöglichen Systeme konstruieren und deren Entwicklung begleiten. Systeme, die verständlich, langlebig, wartbar, funktional, performant und sicher sind. Systeme, die robust auf Fehler reagieren und ihre jeweiligen Stakeholder positiv erstaunen, statt zu nerven. Kurz gesagt: Gute Architekten liefern hohe Qualität.

Gutes Verhalten macht gute Architekten

Wir glauben fest daran, dass der Unterschied zwischen guten und schlechten Softwarearchitekten hauptsächlich in deren Verhalten begründet liegt, in ihrer Vorgehensweise oder Methodik.

Technologie, Frameworks oder Tools beeinflussen die Qualität von Lösungen erheblich weniger, obwohl Softwarearchitekten sie natürlich kennen und können müssen. Daher haben wir technische Themen in diesem Buch komplett ausgespart. Wir gehen (optimistisch, aber durch langjährige Beobachtung gestützt) davon aus, dass Softwarearchitekten ihr IT-technisches Handwerkszeug in der Regel ziemlich gut beherrschen.

HINWEIS

In farbigen Textkästen geben wir Ihnen ernst gemeinte Ratschläge zur praktischen Umsetzung.

WAR STORY

In manchen Kapiteln erzählen wir Ihnen beispielhafte Erlebnisse aus unseren Projekten – optisch gekennzeichnet wie dieser Absatz. Diese haben wir bei Bedarf mit unseren Namenskürzeln (PH und/oder GS) versehen.

Links und Literatur

[1]   Wikipedia zu „Umgangsformen": *http://de.wikipedia.org/wiki/Umgangsformen*, abgerufen 28. Februar 2010

[2]   Coplien, J.; Harrison, N.: „Organizational Patterns of Agile Software Development". Prentice-Hall 2004

[3]   DeMarco, T.; Hruschka, P.; The Atlantic Systems Guild: „Adrenalin-Junkies und Formular-Zombies". Hanser 2007

Danksagung

Wir bedanken uns bei unseren zahlreichen Kunden, bei denen wir das Verhalten von Softwarearchitekten beobachten durften. Dort, im Dschungel der Projektpraxis, haben wir am eigenen Leib die hier geschilderten Muster und Verhaltensweisen erlebt und erlitten – danke dafür! Dank auch an die vielen Seminarteilnehmer, an denen wir unsere Thesen ausgetestet haben – und oftmals erstauntes, aber kopfnickendes Feedback auf unsere Interpretation der Aufgaben eines Softwarearchitekten bekommen haben.

Viele Mitglieder des iSAQB e. V., insbesondere Prof. Dr. Andreas Rausch und Prof. Dr. Arne Koschel haben uns mit intensiven, inhaltlichen Diskussionen rund um die Rolle von Softwarearchitekten unterstützt.

Weiterhin danken wir Claudia Fröhling, Sebastian Burkart und Theresa Vögle vom Software & Support Media Team für ihren Optimismus und ihre Unterstützung bei diesem Buchprojekt.

Gernot: Uli, Lynn und Per: Ihr seid super, die beste Familie im Universum! Zeit mit euch ist immer zu kurz. Danke auch an meine kundigen Kollegen der innoQ (Christian Albrecht, Thomas Bandholtz, Philipp Ghadir, Martin Huber, Arnd Kleinbeck, Andreas Krüger, Till Schulte-Coerne, Christopher Stolle, Stefan Tilkov) für eure gründlichen (und manchmal gnadenlosen...) Reviews...

Peter: Mein besonderer Dank gilt meiner Traumfrau Monika, die ein weiteres Buchprojekt nicht nur toleriert, sondern durch Kommentare aus einer Nicht-IT-Sicht wesentlich bereichert hat.

1 Der Proaktive

Verantwortungsbewusste Softwarearchitekten gehen aktiv auf alle Projektbeteiligten zu, um Chancen und Risiken rechtzeitig zu erkennen und geeignete Maßnahmen einleiten zu können. Sie übernehmen die Initiative, starten notwendige Aktivitäten aus eigenem Antrieb und ohne explizite Aufforderung. Anstatt passiv oder reaktiv abzuwarten, bis jemand anderes mit einer ungelösten Aufgabe zu ihnen kommt, gehen Aktive diese Aufgaben selbstständig an.

In diesem Sinne ähnelt proaktives Verhalten dem erfolgreicher Unternehmer: Stets auf der Suche nach passenden, erfolgversprechenden Betätigungen.

©istockphoto.com/Hiob

Den negativen Gegenpol bezeichnen wir als Unterlasser oder reaktiv: Diese Menschen warten, bis ihnen jemand eine Aufgabe gibt. Reaktive werden frühestens nach Aufforderung tätig.

Sicherlich kommt proaktives Herangehen vielen Menschen und Rollen zugute. Innerhalb von IT-Projekten ist proaktives Herangehen bei Softwarearchitekten besonders wichtig. Sehen wir uns dazu einige Beispiele an.

Verbesserungsmöglichkeiten suchen

Softwarearchitekten suchen ständig aktiv und an allen ihnen zugänglichen Stellen nach Verbesserungsmöglichkeiten – ohne explizite Aufforderung von außen. Sie schauen dabei deutlich über den Tellerrand ihres eigenen Arbeitsbereichs hinaus.

Konkret übernehmen Softwarearchitekten proaktiv Aufgaben in Anforderungsanalyse und -management, im Build- und Testmanagement sowie im Risikomanagement. Manchmal unternehmen sie Ausflüge in die Chefetagen, um den Managern die technische Lösung zu erklären oder Schwächen im Projektmanagement zu kompensieren. Als verantwortungsbewusster Softwarearchitekt müssen Sie (wiederum selbstständig und aus eigener Initiative) entscheiden, wann solche Ausflüge angemessen und notwendig sind, damit sie von Ihren Mitmenschen nicht als Einmischung empfunden werden. Hier tritt die Schwierigkeit bezüglich der Softskills zum ersten Mal auf. Die erwähnen wir in diesem Buch noch öfter.

Annahmen und Voraussetzungen klären

Gute Softwarearchitekten klären von sich aus jegliche (ansonsten versteckte oder implizite) Annahmen oder Voraussetzungen auf. Entwurf und Implementierung der technischen Lösung sollten auf Tatsachen beruhen, nicht nur auf Vermutungen, Mutmaßungen und Betriebsblindheit.

> **WAR STORY**
>
> Wir haben Pflichtenhefte und andere Anforderungsdokumente erhalten, in denen jede Menge *implizite* Annahmen *versteckt* waren. Insbesondere die Qualitätsanforderungen blieben oftmals unerwähnt. Architekturentscheidungen auf solcher Treibsandbasis sind gefährlich. Hätten wir uns in diesen Fällen passiv verhalten, wären die Unzulänglichkeiten wahrscheinlich erst im Betrieb aufgefallen. Wir haben stattdessen durch aktives Nachfragen bei verschiedenen Stakeholdern die Anforderungen ergänzt und *implizit* durch *explizit* ersetzt. Nachfragen ist immer besser als raten! *(PH+GS)*

Auf andere zugehen

Proaktive Softwarearchitekten suchen von sich aus den regelmäßigen Kontakt zu anderen Stakeholdern im Projekt. Nicht, weil sie gerne grünen Tee trinken, sondern weil sie (richtig, aktiv!) Rückmeldung einholen und geben wollen. Genau das Gegenteil von „Abwarten und Tee trinken": Initiativ Eindrücke und Meinungen der anderen erfragen, nach Hindernissen, erkannten Problemen oder Risiken suchen.

Gerne dürfen sie auch loben und sich loben lassen. Hierdurch können Softwarearchitekten eine Menge über ihre Lösungsansätze und deren Auswirkung auf die Projektrealität lernen. Gleichzeitig erhalten sie damit die Möglichkeit, ihre eigene Meinung zu Arbeitsergebnissen, Entscheidungen oder sonstigen Dingen im Projekt zu kommunizieren.

> **HINWEIS**
>
> Je mehr Enthusiasmus Sie für Ihr System oder Projekt an den Tag legen, desto eher und lieber wird man Ihnen zuhören.

Sie sollten als Softwarearchitekt keinesfalls als Nörgler auftreten und jede Kleinigkeit bemäkeln. Rückmeldungen zum umständlichen Bugtracking-Prozess mit Excel können Sie beispielsweise erst einmal für sich behalten, wenn Sie mit Ihren Auftraggebern und dem Team gerade an fundamentalen Architekturentscheidungen arbeiten.

Aufgaben selbst bestimmen

Softwarearchitekten suchen aus eigener Initiative nach dem jeweils effektivsten (d. h. im Sinne der Zielerreichung optimalen) Einsatz der eigenen Zeit: Ob sie gerade Code schreiben, refaktorisieren oder testen sollen, ob sie Schnittstellen definieren oder Anforderungen klären sollen, ob sie Mitarbeiter coachen sollen oder ob die Dokumentation ein Update vertragen kann – das entscheiden sie proaktiv, ohne dass Projektleiter das erst vorgeben müssen.

Proaktiv ist die Ausnahme

Falls Sie glauben, diese aktive Einstellung sei eine Selbstverständlichkeit, dann willkommen in Phantasia: Proaktives Handeln, ja selbst proaktives Denken, erleben wir in unserer Praxis eher als die Ausnahme denn als Regel. Es bedarf nämlich einer gehörigen Portion Mut und Courage, um sich über etablierte Konventionen hinwegzusetzen und sich um Dinge zu kümmern, die einen angeblich nichts angehen, die aber für den Erfolg von Projekten immens wichtig sind. Im schlimmsten Fall kann es passieren, dass Ihre Vorgesetzten Proaktivität als Einmischung verstehen und Ihr Verhalten als vorwitzig oder übertrieben ablehnen.

Wir möchten Sie zumindest verbal bei diesem Mut zur Aktion unterstützen: Langfristig wird sich für Sie aktives Herangehen an andere Projektbeteiligten, aktives Suchen nach Verbesserung und aktives Infragestellen zweifelhafter Konventionen lohnen – in Form höherer Zufriedenheit, besserer Projektergebnisse und dankbarer KollegInnen. Und dafür lohnt sich der Einsatz!

> **HINWEIS**
>
> Denken und handeln Sie wie ein Unternehmer. Gehen Sie aktiv auf Ihre Stakeholder zu und fordern benötigte Dinge ein oder geben interessante Dinge bekannt!
>
> Gehen Sie Ihre Aufgaben aktiv an. Warten Sie nicht, bis Sie jemand auf offene Punkte hinweist. Sie selbst als Softwarearchitekt bestimmen, wann welche Aufgaben angemessen erledigt werden sollen!

Manchmal stecken hinter Zögern, Zaudern und Ängsten ihrer Stakeholder auch Erfahrungen, die diese Menschen haben, Sie selbst aber noch nicht.

> **HINWEIS**
>
> Seien Sie bereit, von Ihren Stakeholdern zu lernen. Akzeptieren Sie berechtigte Kritik und lehnen unberechtigte höflich, aber bestimmt ab.

Verwandte Muster

Der Proaktive nutzt den Blick in den Rückspiegel (6): Als proaktiver, vorausschauender Softwarearchitekt suchen Sie Risiken, *bevor* sie eintreten können. Bereits in frühen Entwurfs- oder Entwicklungsphasen begeben Sie sich auf die Suche nach Verbesserungsmöglichkeiten. Sie bewerten, bevor Sie jemand anders auf Probleme (= eingetretene Risiken) hingewiesen hat!

2 Der Elfenbeinturm

©istockphoto.com/MÜF

In der Abgeschiedenheit, fernab der Praxis, brütet ein verschrobenes Grüppchen Lösungsvorschläge aus, die niemand umsetzen möchte, denen es an Alltagstauglichkeit mangelt und deren „Genialität" nur wenige zu würdigen wissen. Wo wir Ihnen im vorigen Kapitel die aktiven Softwarearchitekten als klassisches Erfolgsmuster vorgestellt haben, soll nun ein krasses Gegenstück folgen: Der Elfenbeinturm gilt in vielen Disziplinen als der Innbegriff der Praxisferne, das Eldorado derjenigen, die forschen, ohne anzuwenden.

Als Kontrapunkt dazu lautet der Spruch der Praktiker „Eat your own Dogfood": Wende die Dinge gefälligst selbst an, die du uns beizubringen versuchst. Dabei hilft es Organisationen und Projekten ja durchaus, einen gewissen Aufwand in *Erforschung* und Prototyping neuer Technologien oder Methoden zu investieren, um überhaupt Innovation in Systeme oder Projekte einbringen zu können.

Risiko steigt mit Team- oder Projektgröße

Wir finden den Elfenbeinturmarchitekten häufig in größeren Projekten – ab 20 Personen aufwärts. Diese Projektgröße rechtfertigt eine volle Architektenstelle für die vielseitigen Entwurfsaufgaben und Kommunikation über technische Fragestellungen.

Softwarearchitekten sollten den Überblick über die gesamte Lösung und deren technische Entscheidungen besitzen. Gerade in großen Teams sollten Softwarearchitekten als technische Berater und Ansprechpartner für alle Entwickler bereitstehen. Wer als Architekt diese *technische Führung* den Projektleitern überlässt, landet schnell im Elfenbeinturm. Bei kleineren Teams passiert das weniger oft, weil der Architekt oft selbst kritische Teile programmiert und daher mitten im Tagesgeschehen der Entwicklung steckt.

Risiko: Streben nach Perfektion

Manchmal erleben wir, dass die Bewohner des Elfenbeinturms nach Perfektion streben, und deswegen (uns) Praktikern mit Unverständnis begegnen: Praktiker akzeptieren nämlich Fehler und Wandel als Normalfall, bemühen sich in iterativen Prozessen um schrittweise Verbesserung. Praktiker wissen schon lange, dass Perfektion unerreichbar und unbezahlbar ist. Elfenbeintürmler sehen das anders: Sie verachten Fehler und schätzen langfristige Planung. Kurze Iterationen lehnen sie als unprofessionell ab und behaupten, mit langem Nachdenken alle Probleme auch ohne diesen Feedbackfirlefanz lösen zu können. Wir, bekennende Agilisten, halten das in den meisten Fällen für unrealistisch. Ausnahmen gelten für sicherheitskritische Bereiche, etwa Medizin-, Luft- oder Raumfahrttechnik. Dort kann Streben nach Perfektion helfen, Leben zu retten. Allerdings sind dort oftmals die Projektbudgets etwas größer als im Rest der Welt.

Risiko: Überlastung

Gute Architekten sind eine seltene Spezies. Manche Organisationen setzen ihre seltenen Exemplare daher in mehreren Projekten gleichzeitig ein. Diese Überlastung führt manchmal dazu, dass diese Architekten Lösungen vorschlagen, ohne dem Team deren Hintergründe, Risiken oder Feinheiten erklären zu können. Aus Sicht der Teams arbeiten die Architekten im Elfenbeinturm, obwohl ihre Ideen brauchbar wären – aber die Entwickler nicht wirklich erreichen.

Falls Sie sich als Architekt ständig unter Überlast und im *Parallel-Processing-Mode* arbeiten müssen, dann achten Sie ganz besonders auf gute Kommunikation mit Ihren Teams (oder lernen Sie, Nein zu Ihren Vorgesetzten zu sagen – aber das haben Sie sicherlich schon versucht)!

> **HINWEIS**
>
> Überlastung kann ein Zeichen von mangelnder Delegation sein. Machen Sie nicht alles selbst.

Risiko: Architekten bauen Frameworks

> **WAR STORY**
>
> In einem sehr großen Projekt hatte ich es mit folgender Situation zu tun:
>
> - Mehrere parallele Teilprojekte (genannt „Produkte")
> - Ähnliche fachliche Ausrichtung
> - Identische Basistechnologie (beispielsweise UI-Framework, Persistenzschicht, Logging, Monitoring, Rollen- und Berechtigungskonzept), die eine eigenständige Gruppe für die Produkte als „Framework" bereitstellen sollte.

Das Framework sollte die Produktteams von der darunter liegenden Technologie befreien, sodass sie sich auf die fachlichen Details ihrer Produkte konzentrieren konnten. Das klingt erst einmal vernünftig, weil man so Mehrfachentwicklung vermeiden kann.

Allerdings waren in meinem Projekt die Frameworkarchitekten und -entwickler absolute „Generiker" und arbeiteten völlig entkoppelt von den Produktteams. Das resultierte in einem klassischen Elfenbeinturmproblem: Die Features der Frameworks passten nicht zu den Anforderungen der konkreten Produkte. Die Produktteams konnten viele fachliche Aufgaben nur lösen, indem sie am Framework „vorbei" programmierten (GS).

HINWEIS

Führen Sie „Dienstleistungsorientierung" ein. Falls Sie Frameworks entwickeln, dann betrachten Sie Ihre Fachprojekte als Kunden (die Ihre Frameworks begeistert einsetzen sollen). Lassen Sie Framework- und Fachprojekte intensiv zusammenarbeiten.

Risiko: Realitätsverzerrung

Wie wär's mit weiteren Beispielen, in denen realitätsferne Elfenbeintürmler gravierende Probleme verursachten (Ähnlichkeit mit Projekten Ihrer persönlichen Vergangenheit oder Gegenwart wären zufällig, aber erwartet). Nennen wir die verschiedenen Varianten hier mal Elfen[0] … Elfen[3][1]:

- Elfen[0] schicken dem Entwicklungsteam eine umfangreiche, standardkonforme[2] Dokumentation. In die Niederungen mündlicher Erklärungen lassen sich die Elfen[0]-er nicht herab, sondern vertrauen auf die semantische Klarheit ihrer umfangreichen, detaillierten Mo-

---

1 Ihnen ist klar, dass wir in einem Informatik-Buch manche Aufzählungen bei Null beginnen müssen – wo schon unsere Textverarbeitung mit der Zählung von Fußnoten immer bei Eins loslegt...

2 Möglicherweise angelehnt an den IEEE/TUC Standard 94-IDONTKNOW, den kein Entwickler vorher jemals gesehen hat.

---

delle. Beispielcode oder Unit Tests fehlen – die vermeintliche Klarheit ihrer schriftlichen Dokumentation benötigt solche niederen Artefakte nicht.

- Elfen[1] arbeiten etwas anders: Zwar dokumentieren auch sie ziemlich umfangreich, ergänzen ihre Modelle jedoch um jede Menge Code, der feine Details der technischen Konzepte klar und ohne Missverständnisse erläutert. Sogar ausführbare Unit Tests produzieren die Elfen[1]. Darüber freut sich das Java-erprobte Entwicklungsteam zuerst – doch angesichts von Hunderten Zeilen Common-Lisp[3] bricht bald Entsetzen aus: Architektur und Entwicklungsteam müssen zueinander passen.

- Elfen[2] arbeiteten Hand in Hand mit einem Team motivierter Entwickler. Gegenseitig diskutierte man offen und konstruktiv die Ideen der jeweils anderen, verbesserte die Entwürfe und Konzepte immer weiter. Prototypen und Pilot-Implementierungen untermauerten die Machbarkeit der Architektur. Leider vergaß das gesamte Team im Eifer von Entwurf und Umsetzung, dass die Software später in einer komplett anderen Umgebung ablaufen muss: Leider den wichtigen Stakeholder „Betrieb" oder „Deployment" vergessen – zurück zum Start.

- Oh, die Elfen[3] hatten wirklich ein seltenes Problem. Ihre Lösung war gut implementier- und testbar und ließ sich im Rechenzentrum kosteneffizient betreiben. Leider verstießen einige Konzepte und Lösungsansätze gegen geltendes Recht[4].

Wir möchten Sie ermutigen, auf jegliche Praxisferne frühzeitig hinzuweisen. Nutzen Sie die Zusammenarbeit zwischen Theorie und Praxis, um Innovation und Verbesserung entstehen zu lassen.

---

3   Es könnte auch Cobol oder Haskell gewesen sein – wir können uns nicht genau erinnern...
4   Vielerlei Gesetze legen unseren Entwürfen Randbedingungen auf: Datenschutz, rechtlich gesicherter Umgang mit Kreditkartendaten, Signaturgesetz, Telekommunikationsüberwachungsverordnung, SOX-Compliance, Basel-II und und und.

HINWEIS

„Elfenbeintürme" entstehen meistens aufgrund mangelnder Kommunikation.

- *Reden* (!) Sie mit Ihren Stakeholdern, statt über Dokumente oder E-Mails zu kommunizieren. Direkte Kommunikation von Angesicht zu Angesicht ist erheblich wirkungsvoller als indirekte.
- Fordern Sie *aktiv* Feedback von anderen Projektbeteiligten ein.
- Konsolidieren Sie Feedback und lassen es in Ihre Entwürfe, Entscheidungen und Dokumentation einfließen.

Verwandte Muster

Ein Blick in den Rückspiegel (Kap. 6) hilft Ihnen, Ihre Praxisnähe zu verbessern und aus dem Elfenbeinturm zu entkommen.

entwickler.press

3 Der Vielsehende

Erfolgreiche Architekten nutzen verschiedene Sichten auf Systeme, um unterschiedliche Aspekte in den Vordergrund zu rücken. Sie wechseln je nach Bedarf diese Sichten, um ein gegebenes Problem aus mehreren Perspektiven zu beleuchten und so zu einer tragfähigen Lösung zu kommen.

Versetzen Sie sich in die Lage des Regisseurs einer Fernsehshow. Sie sitzen im Kontrollraum, wo die Bilder vieler Kameras zusammenlaufen. Sie haben ständig eine große Auswahl unterschiedlicher Perspektiven und können frei entscheiden, welche dieser Aufnahmen die momentane Situation am besten wiedergibt: Mal die Totale, mal die Großaufnahme des Stars von der tragbaren Handkamera neben der Bühne.

©istockphoto.com/Jitalia17

Diese Möglichkeiten eines Fernsehregisseurs nutzen auch Softwarearchitekten – nur dass es sich bei ihnen nicht um Kamerabilder handelt, sondern um verschiedene Darstellungen oder Abstraktionen des Systems, an dem sie gerade arbeiten. Die Grundgedanken hat Philippe Kruchten bereits 1995 in [1] in kurzer Form veröffentlicht. Weitere, verständliche und praxisnahe Darstellungen finden Sie in [2] und [3]. Leider aber mangelt es in der Praxis immer noch an Akzeptanz dieser einfachen Idee.

Das könnte mit deren düsterer Vergangenheit zu tun haben: Schon 1987 stellte der Amerikaner John Zachman die Idee mehrerer Sichten im IBM Systems Journal unter dem Titel *A Framework For Information Systems Architecture*[1] vor. Unserer Ansicht nach eine der praxisfernsten Publikationen unter der Sonne: Zachman empfiehlt sage und schreibe 30 (in Worten: dreißig) verschiedene Sichten auf Architekturen[2].

Wir haben die 4+1 Sichten von Philippe Kruchten aus [1] etwas „pragmatisiert": Das „+1" bezieht sich – wie im Original – auf die funktionalen Anforderungen (Geschäftsprozesse, Anwendungsfälle), die Sie im System implementieren müssen.

Verwenden Sie folgende Sichten:

1. Als wichtigste die Bausteinsicht, die Sie unbedingt brauchen.

2. Dazu die Verteilungssicht, hauptsächlich bei verteilten Systemen.

3. Die Laufzeitsicht, zur Beschreibung wichtiger Interaktionen und zum Präzisieren oder Verifizieren der Bausteine.

4. Und ergänzen Sie bei Bedarf die Sichten durch übergreifende, querschnittliche, technische Konzepte.

---

1   Als PDF online verfügbar unter: *http://old.zachmaninternational.com/images/stories/ibmsj2603e.pdf*
2   Zugegeben: Zachmann hat seinen Ansatz primär für Enterprise-Architekten konzipiert. Dennoch ist aus unserer Sicht hier der Begriff „Elfenbeinturm" angebracht.

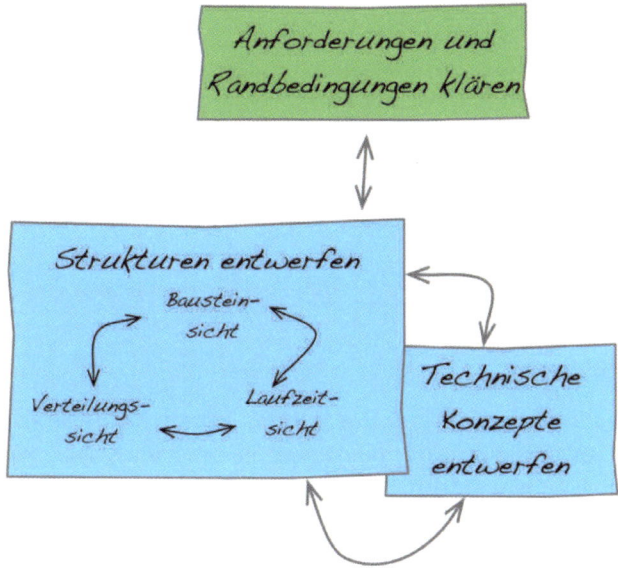

Abbildung 3.1: Sichten auf Systeme

Die Bausteinsicht

Sie zeigt die statische Sicht auf den Quellcode in unterschiedlichen Abstraktionsebenen, also die Bausteine des Systems. Die oberste Ebene – sozusagen die Totale über den ganzen Saal – zeigt unser System als eine Blackbox, eingebettet in seine Nachbarsysteme. Wenn wir näher an den Quellcode heranzoomen, erkennen wir vielleicht die Schichten des Systems oder – bei einer Pipe-und-Filter-Architektur – die wichtigsten Programmteile (die Filter) und die Verbindungen zwischen ihnen (die Pipes). Wie nahe Sie als Architekt dem Code kommen wollen, hängt von Ihren Zielen ab. Wollen Sie aus Abstraktionen oder Diagrammen automatisch Sourcecode generieren, dann werden Sie bis zu Klassen und Operationen verfeinern. Wenn Sie Programmcode hauptsächlich manuell in einer Entwicklungsumgebung pflegen, dann genügt meistens eine abstraktere Stufe.

WAR STORY

Teile eines Systems haben wir mithilfe eines Generators aus einem UML-Modell generiert (genauer: die gesamte Persistenzschicht inklusive die DB-Tabellen). Diese Generierung betraf ausschließlich die fachlichen Bausteine (Entitäten) des Systems – diese mussten wir daher bis auf Attributebene modellieren.

An anderen Stellen des selben Systems waren alle Beteiligten damit zufrieden, dass wir auf sehr grober Ebene die Subsysteme mit ihren Schnittstellen beschrieben haben. *(PH)*

Die Laufzeitsicht

Die Laufzeitsicht klärt die Dynamik des Systems – das dynamische Zusammenspiel (von Instanzen) der Bausteine. Sie beschreibt, wie eine Komponente eine andere aufruft, was sie dabei übergibt und wie der Ablauf von hier aus weitergeht.

Sie können hierbei ebenfalls auf unterschiedlichen Abstraktionsebenen argumentieren: Zeigen Sie Interaktionen „im Großen" zwischen Bausteinen hoher Abstraktionsebene, um Überblick zu bieten. Beschreiben Sie Abläufe „nahe am Code", wenn es Ihnen um Details geht.

HINWEIS

Speziell in der Laufzeitsicht hilft es oftmals, Bausteine unterschiedlicher Abstraktionsebenen in konkreten Abläufen zusammenzubringen. Da darf ein großer, abstrakter Baustein (Beispiel: die „UI-Schicht" oder das „SAP-FI-Modul") gerne mit sehr feingranularen Bausteinen zusammenarbeiten.

Die Verteilungssicht

Eine dritte Sicht hilft Architekten oft noch: die Darstellung, welche Teile der Software auf welcher Hardware oder Infrastruktur ablaufen. Wir nennen das Verteilungs- oder Deployment-Sicht. Oftmals sind Architektur- und Entwurfsentscheidungen schon durch die beteiligten Rechner,

Chips oder durch geografische Verteilung vorgegeben. Dann hilft es, diese Infrastruktur grafisch darzustellen und zu überlegen, welche Auswirkungen sie auf die Bausteinsicht oder die Laufzeitsicht hat.

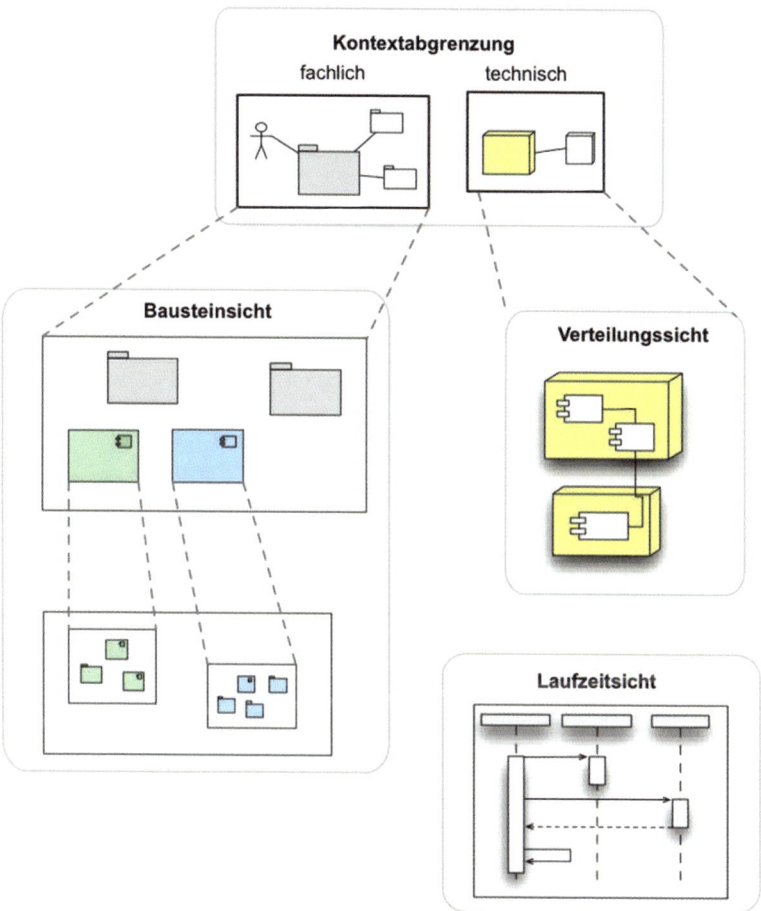

Abbildung 3.2: Drei wichtige Perspektiven: Baustein-, Laufzeit- und Verteilungssicht

Technische Konzepte

Auch technische Konzepte wie das Logging-Konzept oder die technischen Grundlagen der Implementierung der grafischen Oberfläche bilden eine (weitere!) Perspektive eines Systems. Diese Konzepte sind oft übergreifender Natur, wirken teilweise auf mehrere Bausteine eines Systems.

WAR STORY

Der Auftraggeber eines sehr innovativen und architektonisch anspruchsvollen Systems war ein Rechenzentrum, das mit starkem Fokus auf den *Betrieb* und die *Administration* des Systems agierte. Für diese Auftraggeber waren Verteilungssichten und Betriebshandbücher essenzielle Bestandteile der Lieferung, die zu jedem Release erwartet wurden und ohne die es keine Abnahme gab.

Unser Projekt musste zusätzlich einem technischen Lenkungskreis monatlich die wichtigen Entscheidungen, Strukturen und Konzepte berichten. Für diese beiden Stakeholdergruppen haben wir im Projekt aus unserem (gut gepflegten) Wiki[3] nach jeder Iteration sämtliche notwendigen Dokumente generiert – ohne dass wir Informationen doppelt pflegen mussten. *(GS)*

Spezielle Perspektiven nach Bedarf

In vielen unserer Projekte konnten wir mit nur drei Sichten (Bausteine, Laufzeitszenarien, Deployment/Verteilung) sowie den technischen Konzepten alle Beteiligten versorgen.

Manchmal jedoch benötigen Stakeholder weitere Sichten auf ein System. Gehen Sie in solchen Fällen pragmatisch vor: Erfragen Sie die Wünsche dieser Menschen und suchen Sie nach passenden Darstellungen. Sorgen Sie primär für Verständlichkeit, Akzeptanz und leichte Pflegbarkeit ("Wartbarkeit") in Ihren Modellen und Dokumenten. Einige Beispiele sollen Ihnen diese abstrakten Vorschläge konkretisieren:

---

3 Unser Dokumentenexport im Wiki basierte auf include-Befehlen, mit denen wir flexibel diejenigen Informationen in Dokumente aufnehmen und strukturieren konnten, die unsere Leser benötigten.

- In stark datenorientierten Systemen können Datenmodelle eine weitere Perspektive auf das Gesamtsystem zeigen. Diese können fachlich oder technisch sein – in der historischen Kunst der Datenmodellierung hieß das „logisches" respektive „physisches" Datenmodell.

- Einen Sonderfall der Datensicht bilden so genannte Fachklassen-, Business- oder Domänenmodelle. Diese konzentrieren sich auf rein fachliche „Dinge", wobei sie manchmal Daten und Aufgaben (Services, Controller, Prozesse, Anwendungsfälle) enthalten.

- In interaktiven Systemen können grafische Entwürfe (Bildschirmmasken, Screens, Klick-Prototypen oder ähnliche Mittel) eine sehr anwenderorientierte Sicht zeigen. Sie funktionieren gut als Ergänzung von Laufzeitszenarien.

- Entwickler- oder Implementierungssichten können Teile der Bausteinsicht stark verfeinern. Geben Sie beispielsweise in einer solchen Sicht Implementierungsmuster oder Nutzungshinweise ihrer favorisierten Frameworks an.

- Schließlich gibt es noch die plakative, von Technik stark abstrahierende Marketing- oder Verkaufssicht: Hiermit können Sie die nicht technischen Stakeholder durch Reduktion auf sehr wenige Elemente und Konzepte abholen.

In der Mischung liegt die Kraft

Die Bausteinsicht ist unserer Erfahrung nach die wichtigste Perspektive, so wie für den Regisseur diejenige Kamera, mit der er von der Totalen bis hin zum kleinsten Detail zoomen kann. Oftmals unterstützen die anderen Sichten Architekten dabei, Durchblick im Dickicht komplexer Strukturen zu gewinnen. Wechseln von Perspektiven macht Architekturen schneller stabil, weil verschiedene Einflussfaktoren besser ans Tageslicht kommen.

Lernen Sie als „Ablaufdenker" einmal mehr in statischen Strukturen zu denken, aber als „Bausteinmensch" mehr in Abläufen und Verteilung.

HINWEIS

Verwenden Sie bewusst verschiedene Perspektiven auf Ihr System.

- Drei klassische Sichten (Baustein-, Laufzeit- und Verteilungssicht) ergänzen Sie um die benötigten technischen Konzepte.
- Oft bringt ein Domänenmodell zusätzliche Transparenz in die fachlichen Aspekte eines Systems. Hier lohnt ein Blick auf das *Domain-driven Design* ([4] und insbesondere [5]).
- Setzen Sie unterschiedliche Sichten insbesondere bei Architekturen ein, mit denen Sie weniger vertraut sind.
- Beachten Sie die Wechselwirkung zwischen den Perspektiven: Eine Entscheidung in der Bausteinsicht oder einem technischen Konzept hat möglicherweise gravierende Konsequenzen an anderen Stellen.

Verwandte Muster

Sie nutzen strukturierte Faulheit (Kap. 4) mit Augenmaß: Verwenden Sie nur die Sichten oder Perspektiven, die für Ihre Stakeholder bzw. zur Erreichung Ihrer Ziele wirklich angemessen sind – mit dem dringenden Ziel der *Sparsamkeit* in allen Belangen.

Links & Literatur

[1] Kruchten, P.: „Architectural Blueprints — The "4+1" View Model of Software Architecture", IEEE Software 12 (6), 1995, pp. 42-50.

[2] Rozanski, N. et. al: „Software Systems Architecture with Stakeholders using Viewpoints and Perspectives", Addison-Wesley 2005.

[3] Starke, G.: „Effektive Software-Architekturen – ein praktischer Leitfaden", 6. Auflage, Carl Hanser Verlag 2014.

[4] Evans, E.: „Domain Driven Design: Tackling Complexity in the Heart of Software", Addison-Wesley, 2003.

[5] Nilsson, J.: „Applying Domain Driven Design and Patterns", Addison-Wesley, 2006. Viel praxisnäher als das Originalwerk von Evans, mit vielen Codebeispielen. Großartige Lektüre!

4 Strukturierte Faulheit

Erfolgreiche Architekten verwenden (Standard-)Templates, Lösungsmuster und Checklisten, um ihre Produktivität zu steigern und ihre Qualität zu verbessern.

Dialog am Ferienort:

F: *„Schatz, hast du die Sonnenmilch eingepackt?"*

M: *„Klar, hier ist sie. Ich vergesse doch nichts. Soll ich dich eincremen?"*

F: *„Ja, bitte. Und gib' mir doch auch meine Sonnenbrille."*

M: *„Oh, die liegt zu Hause."*

Warum schreiben viele Menschen für wiederkehrende Situationen des täglichen Lebens Merkzettel? Und warum verlassen sich diese Menschen, wenn es um die Erledigung kritischer Aufgaben in der Konstruktion und Implementierung von IT-Systemen geht, völlig auf ihr (oftmals durch parallele Aufgaben überlastetes) Hirn? Statt diese rhetorische Frage zu beantworten, möchten wir lieber eine Lanze für Vorlagen, Muster und Checklisten brechen.

Vorlagen vermeiden Vergessen

Wir selbst verwenden Vorlagen und Checklisten, um uns an Wesentliches erinnern zu lassen. Wir möchten unseren Kopf für kreative und kommunikative Aufgaben freihalten – denn erinnern kann Papier erheblich besser als Hirn. Letzteres kann dafür kombinieren, konstruieren und erfinden – das ist in nahezu allen Projekt- und Entwurfssituationen eminent wichtig. Vorlagen und Checklisten nehmen Ihnen niemals das Denken ab, sondern bewahren Sie vor dem trivialen „Fehler-durch-Vergessen".

Vorlagen bringen Struktur

Gerade für Softwarearchitekturen müssen Sie sich wirklich nicht jedes Mal überlegen, wie Sie vorgehen und was Sie dokumentieren sollten. Wie in Kapitel 3 schon erwähnt, bilden die drei Sichten (Baustein-, Laufzeit- und Verteilungssicht) zusammen mit den übergreifenden technischen Konzepten die Kernpunkte. Rundherum sollten Sie aber auch die Architekturziele festhalten, dazu Ihre Annahmen und Randbedingungen. Würzen Sie das Ganze mit den relevanten Stakeholdern und den zentralen Entwurfsentscheidungen.

Zum Beispiel gibt Ihnen das Architektur-Template arc42 [1] dazu zwölf Kapitel vor, motiviert, wann und warum sie da sind und mit welchen Ausdrucksmitteln Sie die Kapitel füllen sollten. Wenn Sie in jedem Projekt ein solches standardisiertes Beschreibungsschema verwenden, finden Sie auch in neuen Projekten bestimmte Fakten immer wieder an den gleichen Stellen (siehe auch Kapitel 30).

Egal, in welcher Projekt- oder Entwicklungsphase Sie sich befinden, Ihre jeweiligen (architekturbezogenen) Arbeitsergebnisse können Sie in arc42 unterbringen (siehe auch Kapitel 30).

HINWEIS

Betrachten Sie arc42 als ein offenes Regal, in das Sie Ihre Arbeitsergebnisse in beliebiger zeitlicher Reihenfolge einordnen können.

- Falls Themen aus arc42 für ein System nicht zutreffen, sollten diese Abschnitte entfallen.
- Versuchen Sie auf keinen Fall, bereits bekannte oder dokumentierte Dinge erneut zu beschreiben. Verweisen Sie, wo immer das möglich ist.

Faulheit geht noch weiter

Wir wollen jedoch keinesfalls zu Formularzombies werden [2], enge Verwandte der Prozessprediger (Kap. 15). Das sind Personen, die glauben, mit Formularen jedes Projekt retten zu können. Und wenn noch Schwierigkeiten auftreten, erfinden wir ein neues Formular.

Wir legen systematische Faulheit an den Tag – bewerten Kürze und Kompaktheit höher als den Drang nach Vollständigkeit.

In diesem Sinne, viel Erfolg bei der strukturierten Faulheit!

HINWEIS

Insbesondere bei der Dokumentation sollten Sie grundsätzlich sparsam und klein beginnen.

- Fangen Sie klein an. Sie müssen nicht alle Details beschreiben. Hüten Sie sich vor dem Drang nach Vollständigkeit. Getreu einem Credo der agilen Entwicklung sollten Sie iterativ Dinge verbessern und ergänzen.
- Verwenden Sie Checklisten, um sich in der Hektik Ihrer Projekte an wichtige Dinge erinnern zu lassen. arc42 [1] enthält beispielsweise eine Liste mit fast zwanzig unterschiedlichen technischen Konzepten. Ergänzen Sie diese Liste um Ihre eigenen Erfahrungen oder Schwerpunkte – und Ihr Hirn kann sich mehr auf seine eigentliche Aufgabe konzentrieren.

Verwandte Muster

Strukturierte Faulheit vermeidet zuverlässig zu viel des Guten (Kap. 7).

Links & Literatur

[1]   *http://www.arc42.de*, das Portal für Softwarearchitekten, enthält unter anderem ein Template zu Beschreibungen für Softwarearchitekturen, das strukturierte Faulheit ausdrücklich unterstützt (siehe auch Kapitel 30).

[2]   DeMarco, Tom et al.: „Adrenalin-Junkies und Formular-Zombies", Carl Hanser Verlag, 2007

5 Der Diktator

Entwickler: Ich finde, wir sollten diese Komponente in zwei Teile zerlegen.

Diktator: *Nein.*

Entwickler: Aber warum denn nicht? Wir könnten besser testen und unsere Strukturen werden auch noch verständlicher!

Diktator: *Das bleibt so. Ich will es so. Und jetzt geh' programmieren.*

©istockphoto.com/urbancow

Besserwisser, Bevormunder und Begründungsverweigerer genießen unter Kopfarbeitern so ziemlich die geringstmögliche Wertschätzung und werden – mit Recht – boykottiert, ignoriert und/oder unterminiert. Falls Softwarearchitekten sich so verhalten droht Desaster.

Architator = Diktator mit (technischer) Entscheidungsgewalt

Wir alle kennen technische Diskussionen, bei denen die Beteiligten über eine konkrete technische oder konzeptionelle Fragestellung ihre jeweiligen Meinungen, Erfahrungen und Vorstellungen austauschen. Solche Argumentationen können sich über lange Zeit erstrecken, aber im guten Fall entscheidet ein kundiger und erfahrener Kopf dann, welchen Weg das Team in dieser Fragestellung einschlagen soll. Als wesentlicher Bestandteil gehört zu einer solchen Entscheidung die *Transparenz*, d. h. die Begründung.

Gute Softwarearchitekten wissen das und legen daher viel Wert auf solche offenen Argumentationen. Sie beziehen das Entwicklungsteam bei architektonisch wichtigen Fragestellungen mit ein [1]. Der Architator hingegen maximiert seine Unbeliebtheit, indem er grundsätzlich ohne Begründung Architekturentscheidung über die Köpfe des (in der Regel erfahrenen und sachkundigen) Entwicklungsteams hinweg trifft. Eben wie ein typischer Diktator.

Diktatoren brauchen Macht

Architektonische Diktatur in Softwareprojekten benötigt entsprechende Machtstrukturen: Projektleiter und/oder Auftraggeber müssen den Architator mit den Insignien dieser Macht ausgestattet haben, sonst ließen sich so getroffene Entscheidungen niemals durchsetzen. Aber so etwas soll ja in der Praxis schon vorgekommen sein (hoffentlich nicht bei Ihnen!).

WAR STORY

In einem Projekt fungierte der (Gesamt-)Projektleiter gleichzeitig als technischer Architekt. Er legte, typisch Diktator, ohne Abstimmung mit dem Team eine serviceorientierte Architektur (SOA) auf Basis von XML-Web-Services fest – obwohl eine leichtgewichtige Java-Lösung die Anforderungen des Kunden prima erfüllt hätte.

Gleichzeitig bestimmte unser Diktator die einzusetzenden Frameworks und Produkte. Das waren hauptsächlich teure und komplexe Monster, die er aus seiner eigenen Vergangenheit kannte.

Am Ende hatte der Kunde zwar eine Lösung – aber eine viel zu teure. Der Architator hatte einige Freunde weniger. *(GS)*

Überstimmen statt überzeugen

Diktatoren geben dem Projektteam Technologien und Konzepte vor, ohne auf Hinweise, Beschwerden oder Rückmeldungen ihrer Mitarbeiter zu hören.

Falls der Diktator Erfahrung und technische Kompetenz mitbringt, könnte diese Vorgabe aus rein technologischer Sicht sogar sinnvoll und vernünftig sein.

In jedem Fall sollte ein Architekt seine Vorschläge begründen und das Team von seinen Ansätzen überzeugen, statt sofort seine Macht auszuspielen.

Auch Architekten sind Menschen

Als Architekt müssen Sie nach dem Einholen zusätzlicher Meinungen manchmal Entscheidungen treffen, die eher auf Bauchgefühl und Erfahrung beruhen, nicht formal begründbar sind und daher oft nicht von allen mitgetragen werden. Wir raten Ihnen jedoch strikt davon ab, Ihre formale Entscheidungsbefugnis („Macht") als Softwarearchitekt zu oft gegen Ihr Team einzusetzen. Die Balance zwischen klaren Entscheidungen und *Debattierzirkeln* zu finden, ist schwierig, das wissen wir.

Monarchen heilen Entscheidungsneurosen

Hinsichtlich dieser Debattierzirkel möchten wir an Monarchen (das sind die liebenswürdigen, freundlichen und konstruktiven Diktatoren) eine positive Eigenschaft hervorheben: Sie beenden endlose und unproduktive Diskussionen durch klare und begründete Entscheidungen. Die endlosen Meetings, in denen Gruppen mit verhärteten Fronten immer wieder die gleichen Themen hitzig diskutieren, nehmen dadurch ein (produktives) Ende!

HINWEIS

Begründen Sie Ihre architekturrelevanten Entscheidungen grundsätzlich gegenüber den betroffenen Stakeholdern.

Nehmen Sie die (Gegen-)Argumente Ihrer Stakeholder, insbesondere Ihres Entwicklungsteams, ernst. Überprüfen Sie vorgeschlagene Alternativen praktisch oder durch Prototypen, um Ihre Entscheidungen besser begründen zu können.

Links & Literatur

[1]   Vigenschow, U.; Schneider, B.: „Softskills für Softwareentwickler", dpunkt.verlag 2007

[2]   arc42 enthält einen Abschnitt zu wichtigen Architekturentscheidungen.

Dafür können Sie sehr gut die Mindmap von Stefan Zörner verwenden (siehe *http://it-republik.de/jaxenter/news/Architekturen-dokumentieren-Historisch-gewachsen-049068.html*)

6 Blick in den Rückspiegel

Als Autofahrer gehört Ihr Blick hauptsächlich nach vorne, in Fahrtrichtung. Trotzdem tun Sie gut daran, immer wieder auch in den Rückspiegel zu schauen. Erstens, um „rundherum" informiert zu sein, und zweitens, um Risiken z. B. beim Überholen oder Abbiegen besser einschätzen zu können. Dieser Blick in den Rückspiegel ist für Softwarearchitekten ein essenzielles Erfolgsrezept.

Softwarearchitekten sollten dazu Bewertungsmethoden nutzen, um ihre Entwurfsentscheidungen regelmäßig gegen gesetzte Qualitätsziele für die Architektur abzuwägen. Sie verlassen sich *nicht* nur auf ihre Erfahrung und ihr Bauchgefühl! Anhand der Bewertungsergebnisse verbessern sie einerseits ihre Arbeitsergebnisse, andererseits sukzessive ihren Entwurfs- und Entwicklungsprozess.

©istockphoto.com/peterspiro

Plan, Do, Check, Act

Fragen Sie sich als Softwarearchitekt in regelmäßigen Abständen, ob ihre Entscheidungen und Konzepte die gewünschte Wirkung erzielen. Diese einfache Rückkopplungsschleife bildet die Grundlage der meisten iterativen (neudeutsch: agilen) Prozesse. Der Plan-Do-Check-Act-Kreislauf (PDCA oder Deming-Kreis, [1]) hat den systematischen Rückblick (die Check-Phase) zum System erhoben, aus gutem Grund: Nur Handeln und Entscheiden ohne Reflektion, ohne Rückblick, führt leicht zu Zielverfehlung und Aktionismus. Unser Titel „Rückspiegel" bezieht sich dabei natürlich auf die Zeitachse Ihrer Projekte, auf der Sie zurückblicken..., aber das haben Sie sich möglicherweise schon gedacht.

Prüfen Sie Ihre Architektur

Bis vor einiger Zeit mussten wir uns den Vorwurf von Tom DeMarco anhören: „Wenn Ihr zwei Architekturen nebeneinander legt, wisst Ihr nie, welches die bessere ist!". Heute haben wir etablierte Methoden, um getroffene Entwurfsentscheidungen und somit den Status Ihrer Architektur zu evaluieren [2]. Anhand von Qualitätsbäumen – abgeleitet aus den Hauptzielen – bewerten wir systematisch einige Szenarien, die sowohl für den Product Owner als auch für den Architekten besonders relevant sind. Die Methode ist sehr pragmatisch darauf ausgerichtet, möglichst rasch Chancen und Risiken zu beurteilen. Beim ersten Mal benötigen Sie dazu etwa zwei bis vier Tage. Wenn Sie es zur regelmäßigen Tätigkeit in Ihrem Architekturprozess machen, dann reichen monatlich oder vierteljährlich auch wenige Stunden. Sie prüfen anhand Ihrer Arbeitsergebnisse: Technische Konzepte, Strukturen, Modelle, Dokumentation sowie die darauf basierenden Implementierungen. Erfüllen diese Artefakte Ihre Erwartungen, oder gibt es aus heutiger Sicht noch Verbesserungsbedarf? Mit Verbesserungsbedarf meinen wir sowohl erkannte Fehler, Versäumnisse, Schwachstellen als auch Risiken.

Beziehen Sie Ihre Stakeholder in diese Rückblicke mit ein: Mindestens das gute alte Vier-Augen-Prinzip sollten Sie beherzigen! Auf Basis erkannter Probleme können Sie nun systematisch Ihre Architektur verbessern. Und wenn Sie keine Probleme finden, können Sie sich immerhin kräftig auf die Schulter klopfen und sich loben.

Königsdisziplin: Prozessverbesserung

So weit, so gut. Damit erhalten Sie eine zielorientierte Architektur. Aber der Blick in den Rückspiegel leistet noch mehr: Fragen Sie sich für alle erkannten Probleme oder Schwachstellen nach den Gründen, die dazu geführt haben:

- Sind Sie von nicht zutreffenden Annahmen ausgegangen?
- Führen die Prozesse in Ihrem Projekt zum gewünschten Ziel?
- Bereiten die Randbedingungen oder Anforderungen Ihnen ungebührlich viele Probleme?
- Fehlt Ihnen oder Ihrem Team technisches Know-how?
- <your-reason-for-specific-problem>

Haben Sie die Gründe für Probleme dank Rückblick erst erkannt, können Sie sich auch hier an die Verbesserung begeben. Dadurch eliminieren Sie ganze Kategorien von Fehlern oder Problemen – viel cooler als immer nur auf Fehler in Produkten zu reagieren!

Wenn Sie als Softwarearchitekt in Ihrer Profession *besser* werden möchten oder wenn Sie mit Ihren Aufgaben wachsen möchten, dann sollten Sie kontinuierlich lernen. Das geht am besten durch systematische Rückblicke (Sie dürfen auch gerne PDCA dazu sagen). Trauen Sie sich, Ihre eigenen *suboptimalen Entscheidungen* zuzugeben und für die Zukunft daraus zu lernen, bessere Entscheidungen zu treffen. Falls Sie daran Freude gefunden haben, können Sie sich an die ganzheitlichen Retrospektiven wagen (als Lesetipp: [3] hat uns dabei sehr weitergeholfen).

WAR STORY

Im Elfenbeinturm (Kap. 2) habe ich Ihnen von dem Fall berichtet, bei dem Frameworkentwicklung andere Features lieferte, als die Fachprojekte wirklich benötigten. Dort liefen viele Dinge schlecht, organisatorisch wie technisch.

Ich durfte dort eine Retrospektive veranstalten, bei der wir mit dem gesamten Team viele Verbesserungsvorschläge erarbeitet haben.

Das Management hat anschließend eine Reihe dieser Vorschläge umgesetzt, beispielsweise Mitarbeiter der Frameworkentwicklung zeitweilig in den Produktteams mitarbeiten lassen. Bereits nach wenigen Wochen nahmen die gegenseitigen Beschwerden und Beschuldigungen drastisch ab und die Qualität der Produkte stieg deutlich an. Wir konnten nun schneller und besser entwickeln. Ein tolles Ergebnis eines Rückblicks!

HINWEIS

Lesen Sie eine der unten angegebenen Quellen zu qualitativer Architekturbewertung, etwa nach ATAM ([2], oder die Kurzfassung in [4])

1. Erstellen Sie in einer kleinen Gruppe (2-3 Personen) einen Qualitätsbaum mit Szenarien für ihr aktuelles System.

2. Bewerten Sie ebenfalls im Team, ob und wie ihr System diese Qualitätsszenarien (= Qualitätsanforderungen) abdeckt oder erfüllt. Wo gibt es Risiken?

3. Schließlich definieren Sie Maßnahmen, um die erkannten Risiken zu eliminieren oder zu verringern.

Verwandte Muster

Rückblicke decken überschüssige Komplexität auf und helfen dem Vereinfachungskobold (Kap. 12) auf die Sprünge.

Links & Literatur

[1]   Deming, W. E.: „Out of the Crisis", Massachusetts Institute of Technology, Cambridge 1982

[2]   Clements, P.; Kazman, R; Klein, M.: „Evaluating Software Architectures", Addison-Wesley 2002

[3]   Derby, E.; Larsen, D.: „Agile Retrospectives", Pragmatic Bookshelf 2006

[4]   Starke, G.: Effektive Software-Architekturen, 6. Auflage, Carl Hanser Verlag 2014

7 Zu viel des Guten

Dass Menschen alles übertreiben können, wussten Sie schon. Softwarearchitekten verfügen jedoch über ein ganz besonderes Portfolio möglicher Exzesse: Zu viele Fesseln, zu viele Freiheiten oder zu viel Dokumentation. Doch eins nach dem anderen ...

Zu den schwersten Aufgaben von Softwarearchitekten gehört die Entscheidung, welche Maßnahme und wie viel davon in einer bestimmten Situation *angemessen* ist. Also nicht zu viel und nicht zu wenig. Für viele von Ihnen klingt das bestimmt wie der Ratschlag der guten Köchin: Würze so lange nach, bis es lecker schmeckt (aber wehe, Sie würzen zu viel – dann war's das mit dem Süppchen).

Zu viele Fesseln: Ideenstau

Ihr Team besteht aus jeder Menge kreativer und erfahrener Köpfe, die nur darauf brennen, ihre Ideen und Vorkenntnisse zum Wohl des Projekts oder Systems einbringen zu können. Dafür allerdings brauchen diese Köpfe ein gewisses Maß an Freiheit, diese Kreativität ausleben zu können: Neue Ideen müssen reifen und ausprobiert (in IT-Slang: „evaluiert") werden, bevor sie als *gute* Ideen in die Architektur einfließen können.

Geben Sie als Architekt zu viele Fesseln vor, so unterbindet das jegliche Form der positiven Kreativität. Ihr Team wird dann nur noch nach solchen Ideen suchen, die diese Fesseln, Vorgaben und Randbedingungen möglichst erträglich und schmerzfrei machen.

Ein paar Vorgaben jedoch braucht fast jedes Team, sonst droht Perfektionismus (über diese Form des Unfugs schreiben wir in Kapitel 13) oder Anarchie.

Zuviel Freiheit: Anarchie

Wir haben schon erlebt, dass innerhalb eines recht kleinen Teams jeder Entwickler in seiner aktuell favorisierten Programmiersprache entwickelt hat (wir fanden Perl, C, SQL-StoredProcedures, Java und XSLT), weil die Architekten des Systems sämtliche mögliche Freiheiten gelassen hatten. Diese Überfreiheit ist sicherlich in den meisten Fällen auch nicht angemessen. Das Team wird viel Zeit darauf verschwenden, sinnvolle Grenzen selbst zu definieren, statt gute Lösungsideen zu entwickeln und umzusetzen.

Setzen Sie also Grenzen – aber fesseln Sie Ihr Team nicht! Um dem Team diese Grenzen, Lösungsansätze und Konzepte zu vermitteln, bedarf es sowohl der Kommunikation als auch Dokumentation. Das Anti-Pattern hierzu ist der Diktator (Kap. 5).

Zuviel Dokumentation

Zugegeben, in den meisten Projekten gibt es meist das gegenteilige Problem, nämlich zu wenig Dokumentation. Das betrachten wir eher als ein Projekt- denn ein Architekturproblem, und wollen es hier erst einmal nicht weiter vertiefen.

Image licensed by Ingram Image

Unser *Antimuster* bezieht sich auf ein Übermaß an Architektur- und Designdokumentation, das das Erkennen des Waldes vor lauter Bäumen erschwert. Seiten um Seiten, schier endlose Beschreibung aller möglichen Sachverhalte, interessante wie uninteressante, wichtige wie unwichtige. Scheinbar alles nur Mögliche findet sich da, persistiert auf Druckerpapier oder in Write-only-Wikis.

WAR STORY

Abschreckendes Beispiel: Als Vorbereitung eines Architektur-Audits eines mittelgroßen Systems erhielten wir eine Kopie der gesamten Architekturdokumentation auf zwei DVDs – sage und schreibe 8 Gigabyte, verteilt auf mehrere Hundert einzelne Dokumente, ohne weitere Unterstruktur, ohne Navigationshilfe oder Übersichtsdokument.

Wir finden Dokumentation ja wichtig für das langfristige Verständnis – aber in verständlichen Häppchen, leicht zu lesen und ebenso leicht zu aktualisieren. Dazu hatten wir Ihnen in Kapitel 3 „Der Vielsehende" ja bereits den Tipp gegeben, aus unterschiedlichen Perspektiven zu dokumentieren, um gezielt einzelne Aspekte der gesamten Architektur skizzieren zu können [1].

Nun möchten wir diesen Tipp noch um den Ratschlag der *strukturierten Faulheit* (siehe Kap. 4) erweitern – nach dem Sie nur so viel dokumentieren, wie für das System, das Team angemessen ist, aber nicht mehr. Zu viel Dokumentation kostet nämlich zuerst viel Zeit bei der Erstellung, anschließend raubt sie den Lesern die dringend benötigte Zeit, und schlussendlich macht zu viel Doku deren Aktualisierung und Fortschreibung nahezu unmöglich.

Zu schlechte oder zu wenig Dokumentation

Wenn Stakeholder ständig nach Architekturinformationen suchen oder fragen müssen, könnten Sie als Architekt zu wenig oder zu schlechte Dokumentation produziert haben. Dieses Problem passt zwar nicht ganz zur Überschrift „Zu viel des Guten" – tritt aber im Zusammenhang mit „Angemessenheit" auch ab und zu einmal auf.

HINWEIS

Finden Sie zuerst eine passende Struktur für Ihre Dokumentation. Stimmen Sie bereits die (leere!) Struktur mit Ihren Stakeholdern ab.
Erst dann beginnen Sie mit der eigentlichen Dokumentation, dem Festhalten von Entscheidungen, Konzepten oder sonstigen Informationen.

Angemessenheit wovon?

Angemessenheit betrifft sowohl Arbeitsergebnisse als auch Entwicklungs- oder Entscheidungsprozesse. Eventuell müssen Sie auf Basis von Feedback oder Reviews neben Ihrer Architektur, Ihrer Dokumentation oder Ihrem Quellcode auch Ihre Arbeitsprozesse anpassen.

Prozesse anzupassen ist meist aufwändiger als Ergebnisse zu verändern, hat dafür aber längerfristige Konsequenzen. Das ist übrigens eine prima Gelegenheit, mit Ihren Projektleitern gemeinsame Sache zu machen – weil Sie als Softwarearchitekt manchmal über Prozesse nicht alleine bestimmen dürfen.

Angemessenheit ist schwer zu entscheiden

Wie viel Freiheit, wie viel Vorgabe? Wie viel Dokumentation? Wie viel Prototyping? Die Antwort auf die Frage nach Angemessenheit beruht auf der Tatsache, dass wir als Softwarearchitekten für unsere Stakeholder arbeiten. Hören Sie als Architekt also auf das Feedback Ihrer Projekt- oder Systembeteiligten. Und erst wenn *die* mit der Qualität Ihrer Ergebnisse zufrieden sind, dann haben Sie den Nagel auf den Kopf getroffen.

HINWEIS

Hören Sie als Softwarearchitekt auf Ihre Stakeholder. Fordern Sie von ihnen aktiv Rückmeldung ein, damit Sie selbst die Angemessenheit und die Nützlichkeit Ihrer eigenen Maßnahmen und Ergebnisse einschätzen können.

Über qualitative Bewertungen von Architekturen, etwa gemäß ATAM, können Sie die Angemessenheit Ihrer Entscheidungen und Konzepte überprüfen, siehe „Blick in den Rückspiegel" (Kap. 6).

Verwandte Muster

Durch einen systematischen Blick in den Rückspiegel (Kap. 6), beispielsweise durch qualitative Bewertung Ihrer Architekturen bzw. Arbeitsergebnisse, können Sie die Angemessenheit Ihrer Maßnahmen und Entscheidungen einschätzen und ein Zuviel des Guten verhindern.

8 Der Multilinguist

Selbst Menschen derselben Muttersprache können sich bei einer Unterhaltung in nahezu beliebiger Weise missverstehen. Und wenn diese Menschen dann auch noch ganz unterschiedliche Rollen in Projekten einnehmen oder gar unterschiedliche Ziele verfolgen, dann ... willkommen in der Realität.

©istockphoto.com/Warchi

In ihrem ständigen Streben nach der für eine Problemstellung „angemessenen" Lösung kommen Softwarearchitekten permanent mit unterschiedlichen Rollen im Projekt in Kontakt. In erster Linie natürlich mit dem Entwicklungsteam, mit dem sie gemeinsam die Lösung entwerfen und die Implementierung begleiten. Darüber hinaus sprechen Architekten mit Beteiligten der Anforderungsanalyse oder den Anwendern. Schließlich kommt recht häufig mal ein Administrator, Operator oder sonstiger „Betreiber" daher, um Betreibbarkeit, Monitoring und administrative Forderungen zu platzieren. Und wenn Softwarearchitekten dann geschickt um die sprachlichen Hürden dieser stark heterogenen Stakeholderschaft herumlaviert haben, betritt Mr. Hard-Case-Project-Manager die Szene und verlangt unverzüglich einen Managementreport – natürlich frei von jeglichen störenden technischen Details (neudeutsch heißen diese Superabstraktionen Elevator Pitch – Ihre 30 Sekunden mit dem Boss im Aufzug).

Terminus Technicus

Branchen- oder Rollenslang kennen Sie bestimmt. Ihr freundlicher Hausarzt weist Sie nach kurzer Diagnose auf jede Menge Dinge hin, zu deren detailliertem Verständnis ein jahrelanges Medizinstudium die Voraussetzung bildet. So wie die Mediziner verfügen viele Branchen über ihre typischen Vokabulare und Redensarten (angeblich treiben die Juristen dieses Spiel zur Perfektion – leider versteht sie niemand anderes mehr – sodass wir das niemals würdigen können).

In typischen IT-Projekten finden wir eine ganze Schar solcher „Branchen": die Fach- oder Anwendungsseite, die beispielsweise einen Versicherungs-, Banken- oder Logistikslang spricht. Wir Techniker, fließend in Geek Speak, Java und TLAs [1] sind ohnehin außerhalb unseres Clubs schwer zu verstehen. Und viele unserer Manager verstehen primär Euro, Dollar, Abgabetermin, Risiko und höchstens noch Bonuszahlungen.

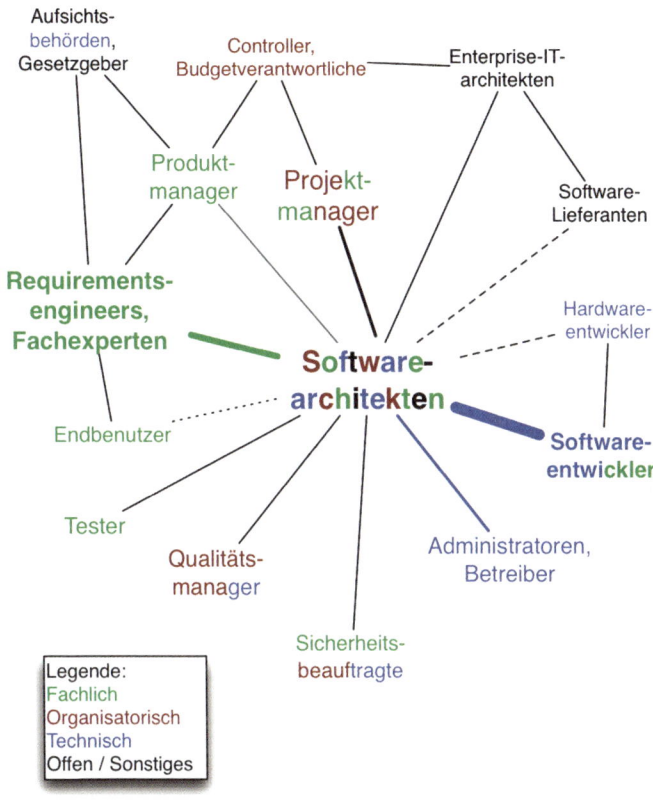

Abbildung 8.1: Viele Stakeholder in IT Projekten

Hohe Vernetzung erfordert echtes Kommunikationstalent

Wie wir schon in einem früheren Kapitel erwähnt haben, gehören Architekten zu den kommunikativ am höchsten vernetzten Mitarbeitern in der IT. Die Sprache der Entwickler sprechen sie in der Regel fließend, weil sie sich meist aus dem Kreis der Programmierer rekrutieren, wenn sie Gesamtverantwortung für eine Lösung übernehmen. Und wenn das noch nicht zu lange her ist und das Team überschaubar klein, dann ist alles klar.

Mit den Programmierern und Testern zu kommunizieren, reicht aber nicht. Das Kunststück für einen Architekten besteht darin, ein und denselben Sachverhalt (z. B. eine bestimmte Entscheidung über die Architektur) in ganz unterschiedlichen Worten und mit ganz unterschiedlichen Erläuterungen, ganz unterschiedlichen Vor- und Nachteilen und ganz unterschiedlichen Argumenten über Chancen und Risiken an die vielen Projektbeteiligten zu kommunizieren. So muss ein Architekt nicht nur Geek sein, sondern auch ein bisschen Unternehmer, der sich über Kosten und Risikoabwägungen Gedanken macht, nicht nur über den technischen Coolness-Faktor. Denn dem Finanzmanager gegenüber muss er eine technische Entscheidung in Form von erzielbarem Gewinn oder drohendem Verlust erläutern. Und das möglichst so, dass es zum Zeithorizont des Ansprechpartners passt (jemandem, der in Quartalsergebnissen denkt, ist ein Vorteil in drei Jahren ziemlich egal).

WAR STORY

In einem technisch wie organisatorisch/politisch ziemlich anspruchsvollen Projekt bei einer Versicherung habe ich eine großartige Multilinguistin, Frau B., erlebt: Die Dame kam ursprünglich „vom Fach", d. h. sie kannte die gesamte Fachterminologie und die geltenden Gebräuche der Fachseite im Unternehmen perfekt. Bei den Fachleuten hatte sie sowohl einen hohen Vernetzungsgrad wie auch inhaltlichen Rückhalt. Zusätzlich hatte Frau B. viel über IT und Softwareentwicklung gelernt, was ihr bei uns im Entwicklungsteam große Sympathien und Anerkennung verschaffte.

In der Projektphase kurz vor der Auslieferung unseres Systems wurden wir aufgrund der hohen Fehlerrate in einer unserer Komponenten vom oberen Management sowie den Testern kritisiert. Es kam zu schweren Konflikten zwischen den Stakeholdern, die wir selbst nicht gelöst bekamen. Da erlebten wir die wahre Leistung von Frau B.: Sie konnte durch fließenden Wechsel von bestem Managementdeutsch, Fachchinesisch und IT-Slang großartige Kompromisse für alle Beteiligten erreichen. Durch ihre vielsprachige Vermittlung ist am Ende übrigens alles gut geworden – das System mit Bravour live gegangen!

Wenn Sie das lesen, Frau B., noch einmal danke! Ich habe viel von Ihnen gelernt. *(GS)*

Bei der Reflektion, wie man eine technische Entscheidung am besten einem Nutzer der Software erläutert, fallen dem Architekten vielleicht Argumente ein, die diese Entscheidung nochmals beeinflussen. Denn die Anwender wollen Entscheidungen so erläutert haben, dass sie die für sie entstehenden Vorteile erkennen können – und wenn es davon gar keine gibt, dann muss man vielleicht die Entscheidung doch noch einmal überdenken.

> **HINWEIS**
>
> Üben und praktizieren Sie aktiv das Umschalten zwischen unterschiedlichen „Sprachen".
>
> - Lesen Sie dazu den Klassiker „Six Thinking Hats" [2], der eine sehr nützliche Technik – den „Wechsel der Perspektive" – vorstellt.
> - Lernen Sie die Sprachen all Ihrer Stakeholder. Erwarten Sie niemals, dass alle anderen Geek Speak verstehen!

Verwandte Muster

Sie lernen durch einen Blick in den Rückspiegel (Kap. 6), die Sprachen Ihrer Stakeholder besser zu verstehen.

Links & Literatur

[1]   Wikipedia über Three-Letter-Acronyms

[2]   DeBono, E.: „Six Thinking Hats", Little, Brown & Company

9 Der Notationskrieger

©Peter Hruschka

Ein bekanntes Prinzip der Bauhausarchitekten lautet: *Form follows Function*. Dieses Prinzip wird vom Notationskrieger ins Gegenteil verkehrt: Form steht im Mittelpunkt und besitzt höhere Priorität als Inhalt: Notation zum Selbstzweck. Die Standardisierung von Notationen wie z. B. der Unified Modeling Language (UML) ist für die IT-Welt sicherlich ähnlich segensreich wie die Festlegung von Symbolen in der Elektrotechnik vor vielen Jahren. Sie ermöglicht weltweiten Austausch von Dokumenten, deren Inhalt alle (dieser standardisierten Notation kundigen) Leser gleichartig interpretieren können. Manchmal wird jedoch Notation zum Selbstzweck.

Prinzipienreiter

Wir möchten Ihnen heute die (leider noch nicht ausgestorbene) Spezies des Notationskriegers vorstellen. Es handelt sich dabei um eine im mittleren Management auftretende, bipedale humanoide Lebensform, die sowohl vom Erbsenzähler als auch vom Prinzipienreiter (lat. Equester principiae) abstammt. Kompromisse sind dem Notationskrieger ein Dorn im Auge. Vorschriften, Regeln und Normen sind für ihn gesetzesgleich. Die maskuline Form haben wir hier übrigens mit Absicht gewählt. Kennen Sie feminine Notationskrieger? Wir nicht! Er hält sich sklavisch an Vorschriften und weiß, auf welcher Seite im UML-Buch die erlaubten Symbole stehen. Er kämpft für die Einhaltung dieser Vorschriften und behauptet, noch nie im Leben falsch geparkt zu haben. Drücken Sie so einem Prinzipienreiter doch mal das pragmatische Buch von Scott Ambler in die Hand [1]!

Credo der Notationskrieger: Form schafft Qualität

Der folgende Monolog soll Gerüchten zufolge hin und wieder in Projekten zu hören sein: *„Stören Sie mich nicht mit den lästigen Fragen zum Inhalt. Bringen Sie lieber Ihre Dokumente zunächst in eine vernünftige Form, denn Sie wissen doch: Erst die Form bringt die Ordnung! Bevor ich Ihnen die Freigabe für die nächste Projektphase erteile, müssen Sie alle Diagramme im Layout, Zeichensatz und in Schriftgröße anpassen, wie es der Firmenstandard vorschreibt. Wozu haben wir denn eine Corporate Identity?"*

Auch wir lieben sauber aufbereitete und lesbare, verständliche Dokumente. Aber sie dürfen gerne auch Fotografien von Flipcharts oder von Brainstormings an Tafeln enthalten. Verwenden Sie doch die Bilder, die Sie auch als „Information Radiators" [2] an die Wand hängen würden. Sie sind manchmal sogar wertvoller, weil sich alle Beteiligten an die Entstehungsgeschichte erinnern, wohingegen die im stillen Kämmerlein mit einem Tool sauber erstellten Diagramme nicht mehr so leicht wieder zu erkennen sind.

„Formular-Zombie"

Tom DeMarco und seine Kollegen der Atlantic Systems Guild beschreiben in [4] die Formular-Zombies, eine Unterart des Notationskriegers. Diese Formular-Zombies meinen, dass man durch Ausfüllen von Formularen jedes Problem in einem Projekt vermeiden oder beseitigen kann. Und sollte da noch ein neues Problem auftauchen, so erfinden sie ganz einfach ein Formular dafür.

Verständlichkeit hat Priorität

Im Gegensatz zum Notationskrieger empfehlen wir Ihnen, die *Verständlichkeit* mit oberster Priorität zu behandeln. Egal in welcher Notation oder Syntax Sie Informationen kommunizieren – Ihre Leser oder Zuhörer müssen sie verstehen. Standardisierte Strukturen helfen dabei, ebenso können Standards wie UML unterstützen. Viel wichtiger finden wir allerdings, dass Sie als Autor Ihre Leser „abholen" – in welcher Notation auch immer. Eine gute Quelle dazu ist [3].

> **HINWEIS**
>
> Nutzen Sie standardisierte Notationen zur Erleichterung der Kommunikation unter allen Beteiligten.
>
> - Wenn Sie eigene Symbole, Farbcodes oder selbst erfundene Stereotypen bei der Modellierung verwenden, dann ergänzen Sie Ihre Diagramme bitte mit einer Legende.
> - Verständlichkeit sollte Ihnen immer vor Vollständigkeit gehen.

Pragmatismus, keine Schlampigkeit

Handgemalte Diagramme mit entspannter Auslegung der Syntax sind durchaus in Ordnung. Eigene Symbolik, die das Team versteht, geht ebenfalls klar. Unseretwegen auch domänenspezifische Notationen (DSLs). Solche pragmatischen Vorschläge geben Ihnen jedoch keinen Freibrief für „schlampige" Architekturdokumentation, sondern sorgen dafür, dass der

Inhalt immer noch wichtiger ist als die Form – wenn alle Beteiligten die Form problemlos verstehen.

Verwandte Muster

- Notationskrieger ignorieren den Blick in den Rückspiegel (Kap. 6) und boxen ihre eigenen Vorstellungen von Notationen durch. Dabei könnten sie durch Reviews und Befragung der Stakeholder in Erfahrung bringen, welche Notationen *verstanden* werden.
- Sie stören die transparente Kommunikatorin (Kap. 20) durch ihre Sturheit und Ignoranz.
- Im Agile Modeling Guide (Kap. 32) finden Sie pragmatische Hinweise im Kampf gegen Notationskrieger.

Links & Literatur

[1]   Ambler, S.: „Agile Modeling – Effective Practices for eXtreme Programming and the Unified Process", John Wiley & Sons, 2020

[2]   Cockburn, A.: „Agile Software Development", Second Edition, Addison-Wesley, 2006

[3]   Hargis, G. et. al: „Developing Quality Technical Information. A Handbook for Writers and Editors", Prentice Hall, 2004

[4]   DeMarco, T. et al.: „Adrenalin-Junkies und Formular-Zombies", Carl Hanser Verlag, 2007

10 Der Codeheld

©istockphoto.com/redhumv

WAR STORY

In der Nacht vor Übergabe des Systems an den Auftraggeber. Einsam
hockt er mit gekrümmtem Rücken und verbissenem Blick vor dem Bild-
schirm. Er, mit Quellcode und Compiler allein in der Finsternis. Noch
schnell ein Feature programmiert, ein paar coole Optimierungen und zwei,
drei Bugs gefixt, es ist ja erst zwei Uhr, noch Zeit genug bis Sonnenauf-
gang.

Gegen fünf Uhr am Morgen erfolgt dann mit letzter Kraft der finale Com-
mit – und dann ab nach Hause. Getestet hatte der Codeheld ja gestern
schon. Sie können sich denken, dass diese Geschichte kein glückliches
Ende gefunden hat ... *(GS)*

Code ist wichtig

Zuerst einmal die Vorbemerkung, dass Quellcode das ultimativ wichtige Ergebnis jeglicher Softwareentwicklung darstellt – dessen Verhalten letztlich die Qualität des Gesamtsystems ausmacht. Sie ahnen schon, dass nun ein „aber" folgt: Quellcode beschreibt Tatsachen, aber keine Begründungen. Im Quellcode finden Sie keine Informationen über verworfene Alternativen, keine Zusammenhänge im Großen, keine Übersicht über das Gesamtsystem. Sie sehen sehr viele Bäume, aber keinen Wald.

In kleinen bis mittleren Systemen, die von kleinen Teams über lange Zeit gebaut und weiterentwickelt werden, kann Quellcode als einziges Artefakt ausreichen. Jedoch sind unsere persönlichen Laufbahnen in vielen Unternehmen und Branchen mit drastischen Gegenbeispielen gepflastert. Nicht überzeugt? Dann schauen Sie auf [1], [2], [3], [4] oder Perl, APL oder zeilenlange reguläre Ausdrücke.

Code löst nicht alle Probleme

Kommen wir zu unserem Codehelden zurück. Bitte entschuldigen Sie die eindeutig maskuline Form – wir haben niemals weibliche Vertreter dieser Spezies getroffen. Er versucht, jegliches Problem durch neuen oder umgebauten Code zu lösen. Leider gibt es einige Klassen von Problemen, die sich einer rein codebasierten Lösung heftig widersetzen: Nehmen wir die Vertraulichkeit gespeicherter Daten als Beispiel. Codehelden können Daten verschlüsseln, aber zur Vertraulichkeit gehören (unter anderem) Benutzer- und Rollenkonzepte, organisatorische Verfahren zur Verwaltung von Krypto-Schlüsseln, sinnvolle Vertreter- oder Backup-Regelungen.

Ein weiteres Beispiel für ein nicht nur mit Code lösbares Problem ist die (sinnvolle) Forderung nach Verständlichkeit von Systemen. Code ist manchmal schlichtweg zu umfangreich, sodass nicht alle interessierten und relevanten Stakeholder ihn überhaupt lesen können. Wie viele Zeilen fremden Quellcode verstehen Sie denn pro Tag? Das hängt sicher vom Quellcode ab – aber Sie werden garantiert MEHR davon verstehen, wenn Ihnen jemand eine sinnvolle begleitende Dokumentation bereitstellt (beispielsweise Baustein-, Laufzeit- oder Verteilungssichten Ihres Systems (Kap. 3).

Insgesamt kann der Codeheld gerade übergreifende und konzeptionelle Themen teilweise nur unzureichend adressieren.

Code entsteht im Team

Code entsteht üblicherweise in Teams. Dazu müssen Teammitglieder miteinander kommunizieren – und das nicht nur über Skype, Jabber oder Bugzilla. Der Codeheld ignoriert diese Tatsache und versucht, möglichst viel der wertvollen (Code-)Substanz alleine zu produzieren. Er verzichtet weitgehend auf verbale Kommunikation. Selbst Commit-Kommentare scheinen ihm redundant, weil ein ordentliches „*diff*" angeblich ähnliche Aussagekraft besitzt.

Wir sind der Meinung, nur mit angemessener Kommunikation der Stakeholder untereinander kann der dem Problem angemessene Quellcode entstehen. Ohne Abstimmung mit anderen löst der Codeheld höchstens den (möglicherweise kleinen) Teil des Problems, den er zum aktuellen Zeitpunkt verstanden zu haben glaubt.

Wichtige Entscheidungen

Viele Systeme gewinnen erst durch einige zentrale Entwurfsentscheidungen ihre eigentliche Gestalt. Ob das Produkte betrifft oder technische Konzepte, ob Frameworks oder den Einsatz von Standardsoftware: Solche zentralen Entscheidungen besitzen vielfältige Konsequenzen für statische und dynamische Strukturen eines Systems. Wollen Sie den zugehörigen Quellcode verstehen, müssen Sie diese zentralen Entscheidungen und deren Begründungen kennen. Leider stehen solche Entscheidungen praktisch niemals im Quellcode. Eine Einführung in die Bedeutung und den Aufbau von Entwurfsentscheidungen finden Sie beim Entscheider (Kap. 18) – unbedingt nachlesen!

Aber: Konzepte ohne Code laufen nicht

Sie brauchen als Softwarearchitekt fundiertes Verständnis für Quellcode, Ihr Team muss guten Code schreiben und ändern können. Wenn Sie einen Codehelden haben, dann stellen Sie ihm einen „Über-den-

Tellerrand-Denker-und-Macher" an die Seite – zusammen werden diese beiden gute Arbeit leisten. Konzepte alleine genügen nie als Input für Compiler, aber Quellcode genügt halt nicht als Input für Menschen!

Damit Systeme langfristig erfolgreich für alle Beteiligten sind, benötigen Sie neben dem Quellcode meist noch weitere Arbeitsergebnisse (Prozesse, organisatorische Regelungen oder sogar neue Rollen für die beteiligten Menschen). Als Softwarearchitekt verantworten Sie die angemessene Mischung aus Konzept und Code!

> **HINWEIS**
>
> Unterlegen Sie wichtige technische Konzepte durch eine Referenz- oder Beispielimplementierung. Damit beweisen Sie, dass Ihre Ideen auch umsetzbar sind.
>
> 1. Auch wenn Programmieren Ihnen viel Spaß macht – als Softwarearchitekt haben Sie noch eine Menge zusätzlicher oder anderer Aufgaben. Stellen Sie sicher, dass die wichtigen Entscheidungen in Ihrem Sinne getroffen werden. Sorgen Sie für angemessene Dokumentation und kommunizieren Sie die Architektur an die wichtigen Stakeholder.
>
> 2. Begleiten Sie das Entwicklungsteam und nehmen Sie dessen Anregungen oder Hinweise bei Bedarf in die Architektur auf.
>
> 3. Erst wenn Sie das alles erledigt haben, programmieren Sie nach Herzenslust. Die Chancen darauf stehen in größeren Projekten allerdings nicht sonderlich gut.

Links & Literatur

[1]   Spiller, H.: „How to Write Bad Code": *http://www.exmsft.com/ ~hanss/badcode.htm*

[2]   Good Code – Bad Code: An Example: *http://www.programming4 scientists.com/2008/09/26/good-code-bad-code-an-example/*

[3]   Spolsky, J.: „Making Wrong Code Look Wrong": *http://www. joelonsoftware.com/articles/Wrong.html.*

[4]   Green, R.: „Unmaintainable Code": *http://mindprod.com/jgloss/ unmain.html*

11 Die Jongleuse

Der Geschäftsführer möchte schnell eine kostengünstige Lösung. Die Anwender wünschen sich eine ergonomische Oberfläche und höchste Performance, egal was es kostet. Der Fachbereich fordert umfassende Funktionalität und ein Höchstmaß an Erweiterbarkeit. Dem Betreiber sind Preis und Ergonomie völlig egal, er verlangt standardkonformes Monitoring und ein robustes Betriebskonzept. Der Gesetzgeber fordert SOX Compliance und eine BSI-Zertifizierung. Die QS-Abteilung möchte dieses, Marketing und Vertrieb jenes. Fast noch schlimmer als Flöhe hüten...

Unterschiedliche Ziele

In der Realität verfolgen unterschiedliche Projektbeteiligte häufig sehr verschiedene und teilweise widersprüchliche Ziele. Im Endergebnis, dem laufenden System, müssen wir normalerweise viele Kompromisse eingehen, um allen maßgeblichen Stakeholdern gerecht zu werden. Also eine Prise Ergonomie, etwas Performance, ein klein wenig Änderbarkeit und ein bisschen Robustheit – aber nur so viel, wie das Budget hergibt.

Architekturen und Systeme entwerfen bedeutet somit, Kompromisse einzugehen. Dafür hilft ein Grundkurs in Diplomatie oder alternativ viel Übung beim Jonglieren mit vier oder mehr Bällen. Als besonders schwierig erweist sich die Notwendigkeit, persönliche Ziele von Architekten und Entwicklern hinter die Ziele der Stakeholder zu stellen.

Kompromisse finden

Wie jedoch kommen Softwarearchitekten zu ihren Kompromissen? Woher sollen sie wissen, wie viel Performance sie im Tausch gegen höhere Komplexität konstruieren und implementieren sollen? Die Antwort

heißt „Ziele genau kennen" und erfordert eine systematische Anforderungsanalyse, insbesondere der nichtfunktionalen Anforderungen.
Diese tauchen in traditionellen Anforderungsbeschreibungen oftmals
nur rudimentär auf. Wie im realen Leben gilt jedoch auch in der Softwarearchitektur: Ohne Ziel keine Orientierung.

©istockphoto.com/YinYang

Die Jongleuse kombiniert diese präventive Zielfindung mit einer gehö-
rigen Portion Kommunikationsfähigkeit und Verhandlungsgeschick.
Die helfen beim Finden von Kompromissen nämlich eher weiter als eine
Überdosis Technik.

Multitasking

Zu den wichtigen Eigenschaften der Jongleuse als erfolgreiche Soft-
warearchitektin gehört ihre Fähigkeit, mehrere Dinge parallel zu erledigen. Wir sind grundsätzlich der Meinung, dass *Fokus*, also starke
Konzentration auf ein einzelnes Thema, für Menschen das produktivs-
te Arbeitsmodell darstellt. Aber in der Softwarearchitektur müssen Sie
oftmals (quasi-)parallel an unterschiedliche Aspekte oder Dimensionen
Ihrer Systeme denken:

- Statische Strukturen mit dynamischen abgleichen, während gleichzeitig noch übergreifende technische Konzepte entstehen

- Während Sie über Performance sprechen, an die Konsequenzen für
  die Security denken

- Beim Entwurf gleichzeitig an Kopplung, Modularisierung, Team-
  struktur und Kosten (!) denken

Überblick behalten

Jetzt mögen Sie zweifelnd einwenden, wie ein einzelner Mensch angesichts lauter unterschiedlicher Ziele und Aufgaben den Überblick
behalten soll. Keine Sorge – nicht nur Übermenschen können als Softwarearchitekten bestehen (auf den Trend zu Multi-Core-Prozessoren
und immer stärker paralleler Verarbeitung möchten wir hier nicht weiter eingehen). Schaffen Sie sich bewusst Zeit und Freiräume, um den
Überblick zu behalten. Wenn Sie sich intensiv mit Details beschäftigen,
benötigen Sie danach eine Zeit für den Überblick. Jongleusen meistern
diesen bewussten Wechsel zwischen Details und Überblick wie selbstverständlich!

Zeitmanagement

Diese Fülle paralleler Aufgaben bringt die Notwendigkeit eines zielori-
entierten Zeit- und Selbstmanagements mit sich – denn ungeplantes Ad-
hoc-Vorgehen stürzt auch erfahrene Jongleusen schnell ins Chaos. Wir
empfehlen Ihnen, aus den vielen Zeitmanagementverfahren ein für Sie

passendes herauszusuchen – für uns funktionieren *Getting-Things-Done* und *Zen-To-Done* nach [3], [4], [5] wirklich gut!

Die Abbildung gegenüber zeigt, wie das im Alltag aussehen kann.

Mehrsprachigkeit hilft

Die eingangs erwähnten Stakeholder sprechen jeweils ihre eigene Fachsprache. Unsere Auftraggeber von der Business- oder Fachseite parlieren locker in Fachchinesisch, während unsere Geldgeber eher den monetären Dialekt bevorzugen. Letztere reagieren völlig allergisch auf jeglichen Geek Speak, mit dem Sie als Jongleuse allerdings Ihre Entwickler verstehen können. Kommt dann noch die Terminologie der Tester hinzu oder gar der Administratoren und Betreiber, dann erscheint Babylonisch dagegen als eine Hochsprache.

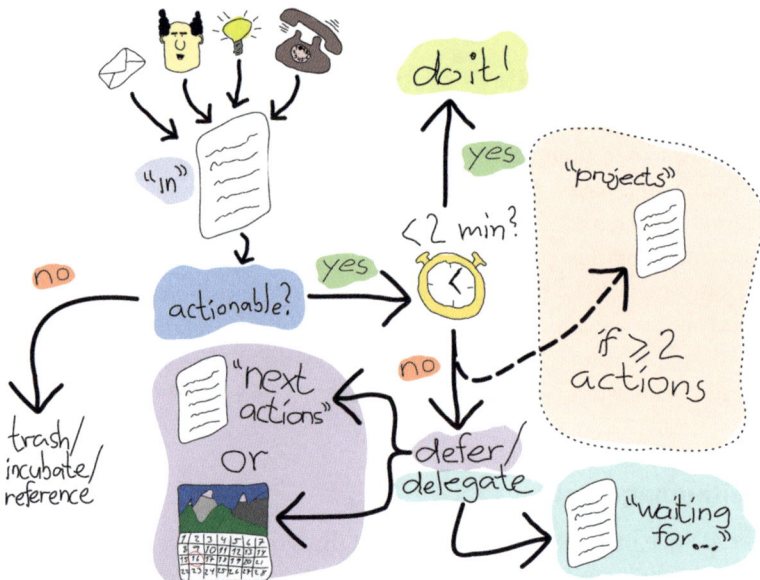

Abbildung 11.1: Zeit- und Aufgabenmanagement nach GTD [5]

Don't Panic!

Der gute und ziemlich alte Ratschlag von Douglas Adams, „Don't Panic"
[1], hilft auch Softwarearchitekten weiter. Lernen Sie erst einmal, Ihre
Stakeholder zu verstehen, und konkretisieren und priorisieren Sie Ihre
Qualitätsziele so weit wie möglich. Und dann planen Sie als Jongleuse
regelmäßig Zeit ein, z. B. eine halbe Stunde pro Tag, um sich zurück-
zulehnen und die laufenden Tätigkeiten mit dieser priorisierten Liste
so gut wie möglich in Einklang zu bringen. Nehmen Sie sich auch z. B.
jeden Freitagnachmittag zwei Stunden mit Ihrem Team und diskutieren
Sie die getroffenen Entwurfsentscheidungen unter diesem Blickwinkel.
Und wenn Sie das zu lange aus den Augen verloren haben, dann hilft
Ihnen eine systematische Architekturbewertung à la ATAM [2] wieder
auf die Spur. Dazu sollten Sie es als gute Jongleuse jedoch gar nicht erst
kommen lassen.

Unabhängig von Ihren Fähigkeiten als Jongleuse: den Grundkurs in
Diplomatie sollten Sie ohnehin absolvieren. Diplomatische Architekten
haben es im Projektleben leichter als Diktatoren (Kap. 5)!

> **HINWEIS**
>
> Praktizieren Sie aktives Zeit- und Selbstmanagement. Das hilft Ihnen da-
> bei, mehrere *Bälle in der Luft* halten zu können. Uns haben die Ansätze
> von *Getting Things Done* [3], [5] und *Zen-to-Done* [4] sehr geholfen.
> In jedem Fall sollten Sie Ihre konkreten Ziele bzw. die Ziele Ihrer wich-
> tigen Stakeholder schriftlich festhalten – ob auf Papier oder in einem
> {rechner|smartphone|magie}-basierten Werkzeug, spielt dabei keine Rolle.

Verwandte Muster

- Jonglierfähigkeiten sind insbesondere beim Multilinguisten (Kap. 8)
  gefragt, wenn verschiedene Stakeholder und deren Sprachen ins Spiel
  kommen.

- Jongleusen haben (zum Glück) keine Zeit für Perfektionismus
  (Kap. 13).

Links & Literatur

[1]   Don't Panic: *http://en.wikipedia.org/wiki/Don't_panic*

[2]   Clements, P. et al: „Evaluating Software Architectures: Methods and Case Studies", Addison-Wesley, 2002

[3]   Allen, D.: „Getting Things Done. The Art of Stress-Free Productivity." Penguin Books, 2003. David Allen hat das Zeit- oder Selbstmanagement auf moderne Beine gestellt – und damit in Kreisen von Kopfarbeitern aller Art viele Anhänger gefunden (uns beide auch!). Eine kommentierte und kompakte Zusammenfassung finden Sie hier: *http://www.43folders.com/2004/09/08/getting-started-with-getting-things-done.*

[4]   Babauta, L.: „Zen to Done. Eine aus GTD [3] abgeleitete und vereinfachte Methode." *http://imgriff.com/serien/zen-to-done/*

[5]   Hamberg, E.: „GTD in 15 Minutes – A Pragmatic Guide to Getting Things Done." Eine kompakte und optisch ansprechende Einführung in GTD – auf den Punkt gebracht! *http://hamberg.no/gtd.*

Erlend hat uns freundlicherweise erlaubt, seine Illustration zu GTD hier abzudrucken – he's just refreshing his knowledge of the German language, so he can read at least parts of this book.

entwickler.press

12 Der Vereinfachungs-kobold

Frage: Wie bootet ein Softwarearchitekt?

Antwort: Nach dem meist akustischen Wake-up-Event geschieht der Übergang von Runlevel 0 auf Runlevel 1. Darin findet sich das noch schlaftrunkene Individuum kurze Zeit später vis-à-vis der durch eine Zeitschaltuhr bereits eingeschalteten Kaffeemaschine. Es fordert per Knopfdruck ein koffeinhaltiges Heißgetränk und führt die statische Methode „drinkSlurp(coffee)"aus. Dadurch gelangt das Wesen in Runlevel 2, den vorläufigen Wachzustand. Jetzt werden diverse Demon-Prozesse gestartet (speakd, seed, feeld, thinkd). Die höchste Priorität erhält dabei der simplifyd, der überflüssige Komplexität erkennt und automatisch reduziert. simplifyd ist non-interruptible.

Wir nennen den simplifyd auch den Vereinfachungskobold, der tief eingebettet in Ihrem Architektengehirn im Hintergrund ständig nach Vereinfachungspotenzial sucht. Dummerweise gibt es im realen Leben keine Ko-
bolde in Ihrem Gehirn, sodass Sie die mit der Vereinfachung verbundenen
Aufwände doch noch selbst leisten müssen.

Einfach ist gut

Einfachheit ist grundsätzlich ein erstrebenswertes Entwurfsziel für Softwarearchitekten. Einfache Systeme sind leichter verständlich, enthalten
weniger Risiko, lassen sich mit weniger oder leichter verständlichem
Code implementieren und sind meistens leichter erweiterbar. In einfa-
cheren Systemen können Sie leichter Fehler finden, und höchstwahr-
scheinlich sind auch erheblich weniger Fehler darin enthalten. Einfache
Systeme reduzieren Kosten und Aufwand gegenüber komplizierten.
Einfachere Systeme sind schlichtweg besser als komplizierte Systeme.

Ziel: Einfache Lösung

Wir merken in der Praxis oft leichte Verwirrung der Begriffe „kompliziert"
und „komplex" – beides Antagonisten unserer gewünschten Einfachheit:

- Kompliziert sind Dinge, die viele Einflussfaktoren in nachvollzieh-
  baren, linearen Zusammenhängen enthalten. Komplizierte Systeme
  können wir mit „Wissen" verstehen. Zur Behandlung komplizierter
  Situationen genügen Regelwerke.

- Komplex sind Dinge, bei denen viele Einflussfaktoren in nicht linearen, meist dynamischen Zusammenhängen stehen. Zur Behandlung
  komplexer Situationen benötigen Sie Erfahrung und Heuristiken –
  aber selbst dann gibt es keine Garantie für Erfolg.

Sehen Sie kurz auf die Abbildung nebenan – dort können Sie den Übergang zwischen kompliziert und komplex erkennen [1], [2]. In der Realität ist diese Grenze oftmals fließend – in jedem Fall jedoch ist Einfachheit
besser als kompl*. (Dietrich Dörner belegt das in [3] auf unterhaltsame
Art).

Allein auf weiter Flur

Wahrscheinlich sind Sie als Softwarearchitekt im Projekt der Einzige auf der Suche nach Einfachheit: Entwickler arbeiten häufig mit stark lokalem Fokus und können dadurch kaum übergreifendes Vereinfachungspotenzial erkennen oder umsetzen. Ihre Anforderer, das Business, stellt Forderung über Forderung und ist an Einfachheit der Technik gar nicht interessiert. Auch Projektleiter denken nur selten an Vereinfachungen. Sie unterstützen die Tendenz zur Einfachheit jedoch indirekt: durch knappe Budgets oder Zeitpläne – die manchmal nur mit einfachen Lösungen überhaupt umsetzbar sind.

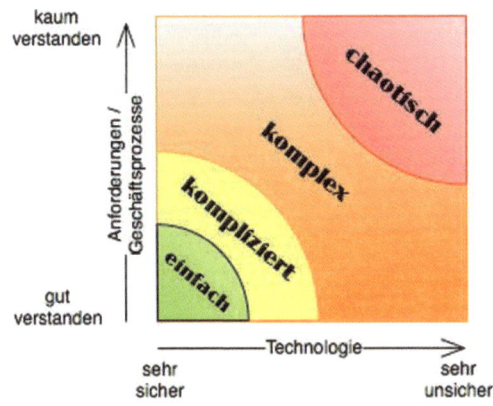

Abbildung 12.1: Von einfach bis chaotisch

Komplizierte Technik vereinfachen

Häufig leiden unsere technischen Lösungen ("Architekturen") an einer eigenen Kompliziertheit: Wir haben zu viele Bausteine mit zu vielen Abhängigkeiten, wir haben komplizierte Technik für einfache Probleme verwendet. Wir haben zu komplizierte Schnittstellen, zu aufwändige Frameworks und kranken an Featuritis.

Das sind genau die Bereiche, die Ihr allmorgendlich gestarteter Vereinfachungskobold *simplifyd* finden und entsorgen soll. Helfen Sie ihm dabei.

Unsere Lösungen, Strukturen, Konzepte und eingesetzten Technologien triefen oftmals vor Kompliziertheit. Scharen optimistischer Entwickler und technikgläubiger Entscheider haben über die Jahre Lösungen geschaffen, die sie selbst als „historisch gewachsen" bezeichnen. Wir nennen solche gordischen Technoknoten bestenfalls „historisch gewuchert". Sie als Softwarearchitekt können Ihren privaten Vereinfachungskobold darauf ansetzen, hier für nachhaltige Verbesserung zu sorgen. Gestalten Sie Lösungen einfach, verständlich, nachvollziehbar. Ohne überflüssige Schnörkel, geradeaus, schlicht. Stellen Sie Abhängigkeitsgeflechte in Frage. Manchmal sind direkte Wege besser als Pfade durch Dutzende von Schichten, Layers und Frameworks.

WAR STORY

In einem Projekt haben wir Enterprise JavaBeans zusammen mit diversen nativen C-Bibliotheken eingesetzt, dazu noch einige proprietäre Erweiterungen exotischer Produkte in mehreren Programmiersprachen. Zwei unterschiedliche Versionsmanagementsysteme enthielten unseren Quellcode – kurzum: Eine völlig verworrene Frickelei...

Der „Daily Build" war zu diesem Zeitpunkt nur mithilfe umfangreicher, selbst geschriebener Skripte (in Perl!) möglich, deren Pflege zwei (!) Personen beschäftigt hat. Das war schließlich der Grund, der unser damaliges Management überzeugt hat, in „Vereinfachung" zu investieren:

Wir haben damit begonnen, die interne Struktur des Systems rigoros zu vereinfachen, die Technologievielfalt zu reduzieren und soweit wie möglich standardkonform zu arbeiten. Das hat kurzfristig dazu geführt, dass wir mit Standard-Java-Mitteln unseren Daily Build erledigen konnten – und die beiden Perl-geplagten Mitarbeiter wieder produktiv für das eigentliche System einsetzen konnten. *(GS)*

Vor komplexer Fachlichkeit warnen

Unsere Fachlichkeiten oder Geschäftsprozesse sind hingegen häufig inhärent komplex. Diese fachliche Schwierigkeit können wir als Softwarearchitekten nicht reduzieren, sondern lediglich auf diese Komplexität hinweisen und vor ihren Folgen warnen: Komplexe Fachlichkeit erzeugt hohen Implementierungs- und Pflegeaufwand. Häufig lassen sich auch fachliche Aufgaben, Prozesse oder Strukturen vereinfachen – jedoch liegt das eindeutig außerhalb Ihres Verantwortungsbereichs als Softwarearchitekt.

Genauso schlimm wirken sich Wünsche nach *goldenen Wasserhähnen* aus: Wenn Sie den Verdacht haben, Ihr Business stellt völlig unpassende oder überzogene Anforderungen, dann kommen Sie Ihrer Beratungspflicht nach: Verifizieren Sie gemeinsam mit fachkundigen Stakeholdern die *verdächtigen* Anforderungen. Übertriebene Anforderungen führen unmittelbar zu größeren, kompl*eren und damit teureren Lösungen.

WAR STORY

Eine größere deutsche Aktiengesellschaft, nennen wir sie hier GoVa AG[1], legte mir eine Anforderungsanalyse für die Verwaltung der Einladungen zur jährlichen Hauptversammlung vor und forderte eine Aufwandsschätzung (zur Erstellung als Festpreisprojekt).

Dieses fachliche Problem lässt sich im Wesentlichen auf die Erstellung von Serienbriefen reduzieren: Die Adressliste der Aktionäre kommt über eine externe Schnittstelle ins System, anschließend muss jeder eine schriftliche Einladung erhalten.

Die Anforderungen enthielten ausführliche Use Cases für Myriarden von (pathologischen!) Sonderfällen (die in der Praxis der letzten 15 Jahre niemals (!) aufgetreten waren), aufwändige Nachsendeprozesse (die auch der Briefversender der Wahl übernehmen kann) sowie sehr hohe Verfügbarkeitsanforderungen (das System muss nur einmal pro Jahr seine Einladungen versenden...).

Ich habe der GoVa AG diese Anforderungen in mühevollen Gesprächen ausgeredet und eine kleine Lösung auf Basis klassischer Textverarbeitung empfohlen – was dem Kunden riesige Entwicklungs-, Betriebs- und Schulungsaufwände erspart hat. Einzig mein damaliger Vertriebsleiter schaute erst etwas grimmig ob seines entgangenen Umsatzes (was die GoVa AG durch ihre begeisterte Freude über die Ersparnis dann jedoch schnell kompensieren konnte!)

Mein simplifyd hatte in diesem Beispiel einen wirklich erfolgreichen Tag! *(GS)*

Einfachheit wertschätzen

Erziehen Sie sich selbst und Ihre Teams dazu, Einfachheit wertzuschätzen. Nutzen Sie die ohnehin regelmäßigen Treffen in der Kaffeeküche zu einem kurzen Gespräch und fragen Ihr Team nach Vereinfachungsmöglichkeiten. Gezielt darauf angesprochen, kann Ihnen jeder Entwickler Stellen im Quellcode nennen, die es wert wären, vereinfacht zu werden. Wir nennen ein solches Ritual die „Vereinfachungsminute" – das geht schnell und liefert (garantiert!) gute Anregungen für Ihre weitere Architekturarbeit. Heben Sie die Ergebnisse dieser Vereinfachungsminute – analog der Risikoliste von Projektleitern – an prominenter Stelle im Projekt auf. Planen Sie gezielt Maßnahmen ein, damit diese Liste auch mal bearbeitet wird und nicht nur eine Sammlung guter Ideen bleibt.

> **HINWEIS**
>
> Machen Sie die Vorschläge zur Vereinfachung Ihren Managern und Projektleitern als langfristige Maßnahmen zur Risikominderung schmackhaft.

Zuviel vereinfachen = verfälschen

Fachliche Kompliziertheit kann auch notwendig und sinnvoll sein – manche Algorithmen oder Abläufe sind eben kompliziert oder schwierig. Solche Sachverhalte müssen Sie akzeptieren und dürfen sie auf keinen Fall durch übermäßige Vereinfachung verfälschen. Wie so oft sind Angemessenheit, Augenmaß und Erfahrung gefragt. Ihr eingebauter Vereinfachungskobold muss daher eine gehörige Portion fachlichen und technischen Sachverstand mitbringen, bevor er sich ans nützliche und produktive Vereinfachen begeben kann.

---

1   Wer jetzt an *Golden Valves* denkt... liegt richtig.

> **HINWEIS**
>
> Optionen für *technische* Vereinfachungen können Sie im Team mit Entwicklern finden und daraus passende Maßnahmen ableiten.
> *Fachliche* Vereinfachungen sollten Sie grundsätzlich mit Fachexperten diskutieren, bevor Sie deren Umsetzung angehen.

Verwandte Muster

Dem Vereinfachungskobold graut vor dem Zuviel des Guten (Kap. 7): Flexibilität und Einfachheit beispielsweise korrelieren häufig negativ: Steigern Sie das eine, verschlechtern Sie damit das andere. Viele Konfigurationsmöglichkeiten (= hohe Flexibilität, positiv) sorgen für hohe Komplexität und schlechte Testbarkeit (negativ).

Links & Literatur

[1]   *http://www.noop.nl/2008/08/simple-vs-complicated-vs-complex-vs-chaotic.html*

[2]   Cynefin-Framework: *http://en.wikipedia.org/wiki/Cynefin*

[3]   Dörner, D.: „Logik des Mißlingens: Strategisches Denken in komplexen Situationen.", rororo 2003. Dörner schreibt in seiner Einleitung:

Komplexität erzeugt Unsicherheit. Unsicherheit erzeugt Angst. Vor dieser Angst wollen wir uns schützen. Darum blendet unser Gehirn all das Komplizierte, Undurchschaubare, Unberechenbare aus. Übrig bleibt ein Ausschnitt – das, was wir schon kennen. Weil dieser Ausschnitt aber mit dem Ganzen, das wir nicht sehen wollen, verknüpft ist, unterlaufen uns viele Fehler – der Mißerfolg wird logisch programmiert.

Ein großartiges Buch, das motiviert, nach einfachen Lösungen zu streben! Der Münchener Informatikprofessor Florian Matthes hat sogar eine Website zu diesem Buch angelegt: *http://wwwmatthes. in.tum.de/blogs/matthes/buchtipp-dietrich-dorner-die-logik-des-mi*

13 Der Perfektionist

„Das Leben von Softwarearchitekten besteht aus einer schnellen (und oft schmerzhaften) Folge suboptimaler Entscheidungen, die oft im Dunkeln getroffen werden." (Philippe Kruchten)

Zur Erläuterung dieses Zitats: Philippe Kruchten arbeitet zurzeit als Professor für Software-Engineering an der Universität in Vancouver. Vorher hat er u. a. das 4+1-Modell für Architektursichten geschaffen, die Architektur des kanadischen Flugsicherungssystems entworfen und Rational Software mit aufgebaut.

©istockphoto.com/jacomstephens

Streben nach Perfektion

Sicher kennen Sie die 80:20-Regel, die offiziell *„Pareto-Prinzip"* heißt: Auf Entwicklungsaufwände angewandt besagt sie, dass 80 % der Resultate in 20 % der gesamten Zeit eines Projekts erreicht werden. Die restlichen 20 % der Resultate verursachen die weitaus meiste Arbeit. Zwar lässt sich dieses Prinzip für Softwareprojekte nicht formal beweisen, aber viele Beispiele zeigen seine Gültigkeit. Wenn also in Ihrem Projekt mal wieder ein vermeintlich kleiner Baustein einen Großteil der Aufwände verschlingt, könnten Sie sich bei Herrn Pareto bedanken – wäre er nicht schon vor vielen Jahren verstorben.

Das Pareto-Prinzip ist jedenfalls der Grund, warum Perfektion so fürchterlich teuer und schwierig ist. Perfektionisten tendieren dazu, das Pareto-Prinzip zu leugnen und zu behaupten: *„Das trifft bei uns nicht zu, wir haben alles im Griff!"*

Im Kontext von Softwarearchitekturen begehen solche Perfektionisten aus unserer Erfahrung typischerweise folgende Fehler. Sie streben nach

- perfekter Organisation von Teams und Abläufen
- perfekter Dokumentation
- perfekten Entscheidungen
- perfekten Strukturen, technischen Konzepten und perfektem Code.

Bevor wir uns diesen Fehlern zuwenden, möchten wir Ihnen ein Bonmot der Autorin Anne Lamot vorstellen ([1], S. 79):

„Perfektionismus ist die Stimme des Unterdrückers, der Feind jedes Menschen. Er engt Sie ein Leben lang ein und macht Sie verrückt [...]. Ich glaube, dass Perfektionismus auf der besessenen Vorstellung beruht, dass man nicht sterben würde, wenn man nur sorgfältig genug voranschritte und jeden Trittstein genau träfe. Die Wahrheit ist, dass man ohnehin sterben wird und dass es einer Menge Leute, die noch nicht einmal auf ihre Füße achten, erheblich besser geht als Ersteren und sie bei ihrem Tun auch noch wesentlich mehr Spaß haben."

Perfektionsfalle „Organisation"

Organisation umfasst Menschen – und die sind alles andere als perfekt. Manchmal sollen sogar einige schlecht gelaunt sein oder von Vorgaben abweichen. Das vom Perfektionisten so gründlich geplante Schema wird – das garantieren wir Ihnen – an Menschen scheitern (wenn nicht an den direkt Beteiligten, dann an den Menschen in Ihrer Umwelt). Das ist übrigens einer der Gründe, warum so viele Organisationen mittlerweile auf agile Entwicklungsprozesse umgestiegen sind: weil sie dabei nicht auf perfekte Organisation bauen müssen, sondern pragmatische Abweichungen und Fehler gut abfedern können.

Perfektionsfalle „Dokumentation"

Perfektionisten können sich beliebig lange mit Dokumentation aufhalten. Hier noch ein paar Rechtschreibfehler beseitigt, dort noch eine Leerzeile eingefügt. Noch ein weiteres Diagramm, um die drei vorherigen etwas abzurunden. Und vielleicht noch die Einrückung anpassen und den Zeilenabstand etwas auflockern...

> **HINWEIS**
> Kümmern Sie sich zuerst um den *Inhalt* Ihrer Dokumente, anschließend um die Form.

Im ersten Schritt brauchen Sie weder perfektes Layout noch sorgfältig in Größe und Farbe abgestimmte Diagramme, sondern überzeugenden Inhalt! Dieser Rat ist deutlich älter als Ihre Textverarbeitung, wird unserer Erfahrung nach aber häufig ignoriert, weil das Gestalten von Dokumenten einfacher ist als die kritische Auseinandersetzung mit Inhalten.

Für Softwarearchitekten sollten Nachhaltigkeit und Verständlichkeit wichtige Ziele sein, zu deren Erreichung oftmals Dokumentation weiterhilft. Aber: Gestalten Sie Dokumentation pragmatisch und an den konkreten Bedürfnissen Ihrer Stakeholder orientiert. Dokumentieren

Sie sparsam und holen Sie regelmäßig Feedback Ihrer Leser ein – Herr Pareto wird sich freuen.

Perfektionsfalle „Entscheidungen"

Das größte Problem perfektionistischer Softwarearchitekten bilden Entscheidungen: Für perfekte Entscheidungen müssen sie vollständige Ausgangsinformationen besitzen und alle Konsequenzen vollständig ermitteln.

Leider funktioniert in der Praxis weder das eine noch das andere: Sie werden niemals so viel Zeit und so viel Geld von Ihrem Projekt bekommen, um wirklich alle Einflüsse und die Konsequenzen aller Entscheidungen bestimmen zu können. Oftmals ist eine suboptimale Entscheidung heute viel besser für das Gesamtergebnis als eine optimale Entscheidung in sechs Monaten.

Perfektionsfalle „Sourcecode"

Natürlich soll der Sourcecode Ihrer Systeme sauber, verständlich und korrekt sein, Bezeichner vernünftig gewählt, Styleguides eingehalten und eine gute Testabdeckung erreicht werden. Aber jegliches Refactoring sollte ein Ende haben, wenn die Systemziele (Geschäftsziele, Architekturziele) erreicht sind. Perfektionisten verbessern um des Verbesserns willen. Das kostet viel Zeit und zehrt an den Nerven aller anderen Projektbeteiligten.

Perfektionsfalle „Schwachstellenanalyse"

Softwarearchitekten erkennen aufgrund ihrer Erfahrung schnell Fehler in Systemen, Unsauberkeiten oder Ungereimtheiten. Gerade weil ihnen die potenziellen Probleme von Systemen geradezu ins Auge springen, verwenden Sie manchmal viel Zeit darauf, diese Fehler *vollständig* auszumerzen – also perfekte Schwachstellenanalyse zu betreiben.

Auch hier empfehlen wir Ihnen, mit Angemessenheit vorzugehen: Sie können in Ihren Ergebnissen durchaus Unsauberkeiten tolerieren – sofern Sie die *wichtigen* Ziele erreichen! Statt mit hohem Aufwand nach weiteren Schwachstellen zu suchen, könnten Sie sich auf die Stärken Ihrer Systeme konzentrieren und (manche) Probleme tolerieren!

Fazit: Sauberer Pragmatismus

Statt Perfektionismus möchten wir Ihnen sauberen Pragmatismus empfehlen: Arbeiten Sie systematisch und methodisch, aber lassen Sie bei Bedarf auch technisch suboptimale Lösungen zu. Besitzen Sie den Mut, auf Perfektion zu verzichten!

Perfektionisten nerven gewaltig. Sie verhindern, dass Mitarbeiter pünktlich nach Hause gehen können, und sorgen für schlechtes Gewissen – zwei Dinge, die wir persönlich nicht leiden können.

Zum Abschluss noch ein Zitat – diesmal von Kevin Survance: *„Great architects focus on what drives business success – Only business results matter."* [2].

Verwandte Muster

- Der Perfektionist übertreibt es mit den Sichten des Vielsehenden (Kap. 3), erfindet neue und arbeitet sie bis zum Exzess aus. Das erscheint uns in den meisten Fällen als zu viel Arbeit.

- Der Perfektionist vergisst die strukturierte Faulheit (Kap. 4) und gerät somit schnell in Gefahr, zu viel zu produzieren.

- Perfektionismus führt zu Übertreibung: Zu viel des Guten (Kap. 7) in Reinform.

- Der Perfektionist kann in Toolistan (Kap. 22) wochenlang über *noch bessere* Werkzeuge diskutieren, ohne das eigentliche System zu verbessern. Bleiben Sie pragmatisch – auch mit 80-Prozent-Lösungen können Sie gute Software entwerfen, entwickeln und bauen!

Links & Literatur

[1] *http://www.goodreads.com/quotes/show/40088*, hier zitiert aus: Hunt, A.: „Pragmatisch Denken und Lernen – Refactor Your Wetware.", Carl Hanser Verlag, 2009

[2] *http://survance.org/familyblog/2008/08/software-architecture-7-keys-f. html*

entwickler.press

14 Der technische Risikomanager

Sicher kennen Sie Murphy. Ein Fehler tritt immer dann auf, wenn Sie es am wenigsten gebrauchen können. Und der Rauch zieht immer zum Nichtraucher.

In jedem Projekt oder System drohen solche „Murphy-Effekte", egal mit welcher Technologie, Infrastruktur oder Organisationsform Sie arbeiten. Erfolgreiche Architekten gehen ganz bewusst mit Murphy (= Risiken) um. Zwischen „Yes, we can" und „Das haben wir schon immer so gemacht" finden sie einen angemessenen Weg.

©istockphoto.com/skodonnell

Architekt = Berater des Projektleiters

Was hat ein Softwarearchitekt mit Risikomanagement zu tun? Diese Aufgabe erfüllen doch Projektleiter, oder? Wir sehen das auch so – aber Softwarearchitekten müssen die *technischen* und *architektonischen* Murphy-Drohungen in Systemen finden und behandeln. Softwarearchitekten sollten Projektleiter auf technische Risiken aufmerksam machen und bezüglich des Umgangs mit ihnen beraten.

WAR STORY

Ein großes Projekt musste aufgrund außergewöhnlich hoher Last- und Durchsatzanforderungen neue Hardware für die Backend-Server kaufen. Wir haben im Architekturteam vorab die uns dazu bekannten technischen Risiken ermittelt und hinsichtlich ihrer möglichen Konsequenzen bewertet. Hierzu zählten beispielsweise:

- Wir behalten nur die bestehende Hardware – und riskieren unter Spitzenlast den Verlust von Aufträgen.
- Wir erweitern die bestehende Hardware –riskieren dabei diverse Flaschenhälse im Hardwareverbund.
- Wir kaufen komplett neue Hardware – akzeptieren dabei hohe Aufwände bei der Betriebseinführung.

Unsere Projektleitung hatte damit eine fundierte Grundlage, um Investitionsentscheidungen vorbereiten zu können. Unser Auftraggeber, ein tatkräftiger Mittelständler, hat sich übrigens aufgrund unserer Risikobetrachtung (und unserer Maßnahmenvorschläge) innerhalb kürzester Zeit für eine komplett neue Serverplattform entschieden. Unsere „Aufwände bei Betriebseinführung" hat er bei den Verhandlungen mit dem Hardwarehersteller genutzt, um großartige Rabatte herauszuhandeln. *(GS)*

Risiken durch Bewertung finden

Ein Risiko (= Murphy-Drohung) ist ein potenzielles Problem. Und ein Problem ist ein eingetretenes Risiko. Wie finden Sie jedoch die Risiken in Ihrer Architektur? Im „Blick in den Rückspiegel" (Kap. 6) haben wir Ihnen systematische Architekturbewertung ans Herz gelegt. Sie bringt vor allem Risiken (und Chancen!) Ihrer Architektur ans Tageslicht. Integrieren Sie also qualitative Bewertung, etwa mit ATAM, zur Offenlegung von Stärken und Schwächen, Chancen und Risiken in Ihre Arbeit als Softwarearchitekt.

Was tun mit Risiken?

Eine Übersicht der technischen Risiken ist die notwendige Voraussetzung, um gezielt mit ihnen umgehen zu können. Sie können grundsätzlich eine der folgenden vier Möglichkeiten für jedes Risiko ergreifen:

- Vermeiden (Risk Avoidance)
- Bewusst in Kauf nehmen (Risk Taking),
- Durch gezielte Maßnahmen abmildern (Risk Mitigation)
- Ignorieren

Manche Risiken vermeiden

Risiken vermeiden heißt z. B. risikobehaftete Teile der Architektur komplett anders zu lösen – mit einer weniger risikobehafteten Alternative. Sollten Sie versuchen, alle Risiken zu vermeiden? Nein, keinesfalls. Tom DeMarco und Tim Lister behaupten im „Bärentango" [1]: „Alle risikoarmen IT-Projekte wurden bereits in den 60er und 70er Jahren des letzten Jahrhunderts durchgeführt."

Vermeiden sollten Sie beispielsweise Risiken mit katastrophalen Auswirkungen oder sehr hoher Eintrittswahrscheinlichkeit.

WAR STORY

Ich sollte in einem System als wichtigstes Qualitätsmerkmal „variable Abläufe" ermöglichen, zur Laufzeit konfigurierbare Geschäftsprozesse – bei gleichzeitig sehr hohen Anforderungen an Durchsatz. Dazu boten sich seinerzeit diverse technische Möglichkeiten zur Implementierung an, beispielsweise eine Workflow Engine, eine Business Rule Engine, die Beschreibung der Prozesse in einer Python-basierten domänenspezifischen Sprache (DSL) und andere.

Wir haben auf Basis vorab definierter Entscheidungskriterien eine Vorauswahl getroffen und unsere beiden „Spitzenkandidaten" durch eine prototypische Implementierung auf Herz und Nieren geprüft. Unsere vorher befürchteten Risiken, beispielsweise die unzureichende Performance, haben wir dadurch komplett ausräumen können.

Übrigens hat die textbasierte Business Rule Engine[1] das Rennen gewonnen, weil ihre Performance die Python-Variante um Längen geschlagen hat. *(GS)*

Risiken in Kauf nehmen

Risiken bewusst in Kauf zu nehmen, heißt, die Auswirkung des Risikos ertragen zu können. Das ist eine gute Taktik, wenn die Vermeidung dieses Risikos für das Projekt teurer ist, als die eventuelle Auswirkung zu beseitigen. Vielleicht ist auch die Eintrittswahrscheinlichkeit derart klein, dass Sie ein solches Risiko akzeptieren können. In Kauf nehmen kann auch bedeuten, sich gegen die Auswirkung abzusichern – etwa eine Versicherung gegen den Eintrittsfall abzuschließen.

Risk Mitigation = Plan B

Risk Mitigation heißt, sich mit dem Risiko auseinanderzusetzen und gezielte Maßnahmen im Projekt einzuplanen, die das Risiko oder seine Auswirkung abmildern. Und zwar zu einem Zeitpunkt, bevor das Risiko zum Problem geworden ist. Zu solchen Maßnahmen gehören beispielsweise die Anpassung betroffener Teile der Architektur, gezieltes Prototyping neuer Technologien, Coaching des Teams oder der berühmte *Plan B*. Wir sind uns ganz sicher: Wenn Sie das Risiko kennen, dann fallen Ihnen und Ihrem Team vernünftige Maßnahmen zur Abhilfe ein!

Risiken ignorieren = Waghalsigkeit

Ignorieren bedeutet z. B., mit einem neuen Framework zu arbeiten, das weder Sie noch irgendein vertrauenswürdiger Kollege in einem ähnlichen Projekt bisher eingesetzt hat, und einfach zu sagen: Wird schon gut gehen. Aus unserer Sicht stellt das ein waghalsiges oder fahrlässiges Verhalten dar, das Sie sich als verantwortungsbewusster Softwarearchitekt nicht erlauben sollten!

---

1   Konkret war das JBoss-Drools, eine deklarative Java-Open-Source-Regelmaschine.

> **HINWEIS**
>
> Egal, wie optimistisch Sie im wirklichen Leben auch sein mögen – achten Sie explizit auf die Architekturrisiken Ihrer Systeme. Schreiben Sie erkannte Risiken auf und kommunizieren Sie diese offen – ebenso wie Ihre Strategien zum Umgang damit.
> Teilen Sie technische Risiken so lange Ihren Projektverantwortlichen (Manager, Projektleiter) mit, bis diese endlich zuhören und geeignete Maßnahmen einplanen.

Verwandte Muster

- Der technische Risikomanager erkennt Komplexität oder Kompliziertheit in Systemen als Risiken und triggert den Vereinfachungskobold (Kap. 12).

- Ein hoher Grad an Ignoranz (Kap. 21) bzw. ein geringer Grad an Wiederverwendung von Konzepten und Code erhöhen oftmals das Risiko – was dem technischen Risikomanager sofort auffallen sollte.

Links & Literatur

[1]   DeMarco, T.; Lister, T.: „Bärentango – Mit Risikomanagement Projekte zum Erfolg führen", Carl Hanser Verlag, 2003.

15 Der Prozess-prediger

©istockphoto.com/Lokibaho

Total Quality Management (TQM) hat uns eingetrichtert: Qualität von Produkten entsteht durch Überwachen, Prüfen und Verbessern der Prozesse. Zahlreiche Softwareproduktivitätsprogramme wie CMMI und ISO 9000, aber auch Vorgehensmodelle wie das V-Modell und der Rational Unified Process (RUP) stoßen ins gleiche Horn. Solche Modelle geben uns detaillierte Prozesse vor, mit vielen Einzelaktivitäten und Teilschritten auf mehreren Verfeinerungsebenen. Sie beschreiben genau die Eingaben und Ausgaben aller Schritte und legen für jede kleine Aufgabe explizit Rollen fest: Wer verantwortet was, wer wirkt mit, wer prüft. Die

Beschreibungen umfassen oftmals hunderte von Seiten. In solchen Organisationen predigen die Prozessverantwortlichen gebetsmühlenartig den Teams das Mantra: „HEADV-HEADV-HEADV" (Haltet Euch An Diese Vorschriften). Es gibt Prozessverantwortliche, Quality Gates und, zumindest gerüchteweise, rituelle Bestrafungen von Prozessverweigerern.

Prozessprediger entwickeln und verteidigen detaillierte Vorgehensmodelle und kämpfen für deren Einhaltung; um (fast) jeden Preis.

Die Idee von TQM stammt aus der Welt der Fertigungsindustrie. Dort stimmen unserer Ansicht nach die Grundannahmen von Prozesskontrolle und -verbesserung. IT-Projekte sind aber keineswegs Fertigungsprojekte. Wiederholbarkeit spielt angesichts der unterschiedlichen Randbedingungen und Anforderungen eine weniger wichtige Rolle. Deshalb haben wir ITler unsere Vorgehensmodelle den Zeichen der Zeit angepasst: Alle (z. B. RUP, V-Modell) fordern projektspezifische Anpassungen. Jedoch beobachten wir folgendes Verhalten ([1] beschreibt das sehr humorvoll):

Obwohl ein Vorgehensmodell nach einer Anpassung schreit, hält sich das Projekt sklavisch an das Standardvorgehen.

Warum gibt es keinen Aufstand?

Schuld daran sind die Prozessprediger. Sie machen uns jeden Tag von der Kanzel aus klar, dass wir in der Hölle schmoren werden, wenn wir es wagen werden, vom Vorgehensmodell abzuweichen.. In so manchem Unternehmen fällt es leichter, unter Einhaltung des Vorgehensmodells zu scheitern, als das Risiko auf sich zu nehmen, vom Standardvorgehen abzuweichen. Wenn man scheitert, ist „es" Schuld, nicht ich!

WAR STORY

In einem Gespräch mit Philippe Kruchten, dem Schöpfer des Rational Unified Process, habe ich gefragt, was er heute anders machen würde, wenn er den Prozess nochmals anfangen könnte. Seine Antwort: „Ich würde viel mehr Wert darauf legen, den Prozess möglichst leicht und automatisch für die Bedürfnisse des Projektes maßzuschneidern. Möglichst toolgestützt, mit ganz wenigen Eingangsparametern. Wenn die Anpassung nicht einfach genug ist, dann tut es niemand." *(PH)*

Architekten wollen Resultate und keine Prozesse

Prozessprediger sollten es eigentlich besser wissen. Denn auch das findet sich in der Bibel: „An ihren Früchten sollt ihr sie erkennen." Sie sollten als verantwortungsbewusster Softwarearchitekt den Prozesspredigern entgegenhalten:

- Wir haben uns auf die Struktur des Ergebnisses geeinigt.

- Wir wissen, was in einer guten Architekturdokumentation enthalten sein sollte. Siehe Kapitel 3, 4, 26 sowie [2].

- Der Weg zu diesem Ziel ist frei. Den entscheiden wir je nach Projektsituation.

- Wir müssen keine 15 expliziten Rollen verteilen.

- Der Architekt trägt die Verantwortung für dieses Ergebnis und delegiert sinnvolle Teilaufgaben durch Mitdenken, nicht aufgrund irgendeines Prozessmodells.

Die Vorgabe der Ergebnisstruktur sichert einerseits einen inhaltlichen Mindestgehalt, gibt andererseits genügend Freiheitsgrade bezüglich Tiefgang, Notation und inhaltlicher Ausgestaltung.

Kenntnis der Tätigkeiten hilft

Es ist für einen Architekten hilfreich, zu lernen, welche Tätigkeiten in seine Verantwortung fallen. Dazu zählen beispielsweise:

- ein angemessenes Verständnis der Anforderungen erarbeiten
- strukturelle und technische Entscheidungen treffen und diese
- an alle Beteiligten bedarfsgerecht kommunizieren,
- Feedback einholen,
- Lösungsansätze und Risiken bewerten.

Diese Schritte oder Aufgaben erledigen Sie andauernd und hochgradig parallel, nicht jedoch in einer vorbestimmten Reihenfolge. Jeder Versuch, unseren Softwarearchitekturjob als „linearen Algorithmus" auszudrücken, ist zum Scheitern verurteilt. Genau das aber versuchen die Prozessprediger mit uns.

> **HINWEIS**
>
> Zeigen Sie Zivilcourage und widersetzen sich den Prozess-predigern. Liefern Sie gute Ergebnisse, statt formal „Schritte abzuhaken".

Verwandte Muster

Prozessprediger verabscheuen strukturierte Faulheit (Kap. 4).

Links & Literatur

[1] Tom DeMarco et. al.: Adrenalin Junkies & Formular Zombies, Kapitel 12: System Development Lemming Cycle, Carl Hanser Verlag, 2007

[2] *http://survance.org/familyblog/2008/08/software-architecture-7-keys-f. html*

16 Die Lektorin

Nachdem wir Ihnen im vorigen Kapitel die starke Fokussierung auf Ergebnisse (statt Prozesse!) nahe gelegt haben, möchten wir diesmal auf die Details eben dieser Ergebnisse eingehen: Da die Schriftsprache ja immer noch das bevorzugte Mittel langfristiger menschlicher Kommunikation und Dokumentation bildet, sollten Sie als Architekt einige Grundregeln dazu beherzigen.

©istockphoto.com/Maica

Nehmen Sie Sprache ernst

Legen Sie großen Wert auf verständliche, klare und einfache Sprache. Sie schreiben für Ihre Leser und Leserinnen, nicht zum Selbstzweck. Das alles halten Sie für selbstverständlich? Wir auch.

Warum wirkt dann ein signifikanter Teil der uns bekannten technischen Dokumentation wie eine Mischung aus Schlaftablette und Streckbank (sprich: macht müde und tut weh!)?

Weil die Grundregeln guter Sprache eben doch nicht selbstverständlich sind.

Wir haben für Sie kräftig in den großartigen Büchern von Peter Rechenberg [1] und Wolf Schneider [2] gelesen und einige Ratschläge daraus zusammengestellt.

Schaffen Sie Klarheit – in Kürze

Kurze Texte machen Ihren Lesern weniger Arbeit – Grund genug, auf Füllstoff möglichst zu verzichten. Wenn Sie Ihre Gedanken möglichst klar ausdrücken möchten, hilft eine kurze Erklärung statt einer langen. Verzichten Sie in technischer Dokumentation auf Spannungsbögen und blumige Umschreibung.

Klarheit bedeutet auch, treffende Worte zu finden. In der Programmierung kennen wir alle die Notwendigkeit „sprechender Bezeichner" – Gleiches gilt für Ihre schriftliche Kommunikation. Besonders warnen wir Sie vor missverständlichen oder mehrfach belegten Wörtern – etwa Komponente, System, Anwendung oder Funktionalität. Solche Begriffe haben in verschiedenen Kontexten unterschiedliche Bedeutung. Suchen Sie nach exakten, genau zutreffenden Wörtern.

Verzichten Sie auf Überraschungen: Gleiche Dinge oder Konzepte sollten Sie grundsätzlich gleich benennen und auf Synonyme verzichten. Nehmen Sie Wiederholungen in Kauf, statt einmal von „Teilsystem" und im nächsten Satz von „Modul" zu schreiben – obwohl Sie genau das Gleiche damit meinen.

Definieren Sie wichtige Begriffe, führen Sie ein Glossar und stimmen dessen Inhalte genau ab. Wir meinen hier „genau" im Sinne von „ganz genau", nicht „ungefähr".

Schreiben Sie einfach

Mit Kürze und Klarheit ist Einfachheit eng verbunden, erläutert [1]: „Einen Sachverhalt klar und kurz beschreiben heißt auch, ihn so einfach wie möglich beschreiben, mit einfachen Worten und einfach gebauten, unverschachtelten Sätzen."

In Gesetzestexten oder amtlichen Verordnungen können Sie selbst leidvoll erfahren, wie außerordentlich lang und kompliziert Sätze der deutschen Sprache sein können. Ein Satz soll einen Gedanken ausdrücken, den Sie sich am besten VOR dem Schreiben schon gemacht haben. Übermäßig lange Sätze mit geschachtelten Nebensätzen wirken oft kompliziert und deuten auf schlechte Verständlichkeit hin.

Sie fragen jetzt, wie einfach es denn sein soll? Vordergründig ist das natürlich durch den Sachverhalt selbst begründet: Manche komplexen oder komplizierten Aspekte in Ihren Systemen sollen Sie *einfach* darstellen, aber nicht *vereinfachend*.

Positiv formulieren

Wir möchten zur allgemeinen Erheiterung aus dem Bürgerlichen Gesetzbuch (BGB) der Bundesrepublik Deutschland zitieren – ein anschauliches Plädoyer für positive Formulierung [3]:

Paragraph 181 – Mangel der Ernstlichkeit: Eine nicht ernstlich gemeinte Willenserklärung, die in der Erwartung abgegeben wird, der Mangel der Ernstlichkeit werde nicht verkannt werden, ist nichtig.

Solche Formulierungen sind grausam: Das menschliche Gehirn benötigt für das Verständnis negativer Aussagen etwa 50 % länger als für positive[1]: Positive Formulierungen sind verständlicher.

Negative können Leser leicht in die Irre führen. Ein Beispiel: „XML sollten Sie mit der ABC-Schnittstelle nicht verwenden."

Was soll ich denn jetzt tun? Ist die ABC-Schnittstelle insgesamt gefährlich? Im schlimmsten Fall hört Ihr Leser vor dem Ende auf zu lesen...

Aktiv statt passiv

„Tritt dieses Ereignis ein, müssen alle Testdaten angepasst werden". Wer soll die Daten anpassen? Ein Programm? Ein Programmierer? Ein Tester?

Bringen Sie durch aktive Formulierungen zum Ausdruck, wer „der Täter" [1] ist. Erstens hilft es beim Verständnis und zweitens entstehen viel interessantere Sätze. Passive Konstruktionen wirken oft langweilig.

Lesermeinung zählt

Holen Sie aktiv die Rückmeldung Ihrer Leser ein: Stellen Sie denen die Frage nach Einfachheit und Verständlichkeit: Falls Ihre Leser Ihnen nach Lektüre Ihrer Dokumente zu viele Verständnisfragen stellen, müssen Sie vereinfachen oder kürzen.

Lesermeinung zählt mehr – denn Leser müssen die Texte verstehen.

Verständlich statt bombastisch

Im Vorwort von [1] schreibt Herr Rechenberg, dass „in der deutschsprachigen Informatik-Literatur inhaltliche und darstellerische Qualität oft auseinanderklaffen". Wir Informatiker schaffen es, brillante Inhalte in sprachliches Ungenügend zu verpacken. Wir formulieren bombastisch, unverständlich und verworren, an den Bedürfnissen unserer Leserschaft

---

1   Das erläutert Wolf Schneider in [2] gemäß einer Veröffentlichung der *Psychology Today*. Wir vermuten, dass pro Negation ein beträchtlicher Faktor hinzukommt – je nein desto schlechter!

---

entwickler.press

vorbei. Übermäßig komplizierte und gestelzte Formulierungen fungieren als Ersatz für Fachkompetenz und Klarheit.

Qualität technischer Dokumentation

Natürlich stellen Leser neben klarer, einfacher und verständlicher Sprache noch eine ganze Reihe weiterer Qualitätsanforderungen an technische Dokumentation. Wir möchten Ihnen hier eine Zusammenfassung davon vorstellen, angelehnt an [4].

Einfach zu benutzen	
Aufgabenorientiert	Lesern helfen, ihre Aufgaben zu erledigen. Dazu müssen Sie (natürlich!) die Anforderungen bzw. Aufgaben Ihrer Leser kennen!
Genauigkeit	Fehlerfreiheit, strikte Orientierung an Fakten. Stellen Sie die Korrektheit und Konsistenz Ihrer Aussagen sicher.
Vollständigkeit	Vom Standpunkt Ihrer Leser gesehen sollten alle notwendigen Informationen vorhanden sein. Schreiben Sie auf, was Ihre Leser benötigen – und *nur* das.

Easy reading is damn hard writing!

Nathaniel Hawthorne (nach [4])

Einfach zu verstehen	
Klarheit	Eindeutig, frei von Unklarheiten. Ihre Leser können es beim ersten Mal verstehen.
Konkretheit	Enthält passende Beispiele, Szenarien, Analogien, spezifische Sprache und Abbildungen. Setzen Sie abstrakte Konzepte in Bezug zur Realität, etwa zum Quellcode.
Stil	Sprach- und Schreibkonventionen passen zum Thema bzw. zu den Adressaten.

Einfach zu finden	
Organisation	Zusammenhängende Darstellung, die für Leser einen Sinn ergibt. Verwenden Sie erprobte Templates für bestimmte Dokumenttypen, beispielsweise arc42 für Architekturdoku. Erläutern Sie, wie die einzelnen Teile von Informationen oder Dokumentation zusammengehören, etwa durch eine kurze Navigationshilfe.
Wiederfindbarkeit	Informationen so darstellen, dass Benutzer spezifische Dinge schnell und einfach finden können. Erstellen Sie für umfangreiche Dokumente einen Index und nehmen Sie Querverweise auf verwandte Themen auf.
Visuelle Effektivität	Attraktive Darstellung, passendes Layout, Illustrationen und Abbildungen. Lassen Sie Abbildungen Ihre Texte unterstützen.

Für hochwertige technische Dokumentation sollten Sie diese Anforderungen erfüllen!

HINWEIS

Gehen Sie mit gutem Beispiel voran. Schreiben Sie technische Literatur („Architekturdokumentation") einfach, klar, verständlich und kompakt.

Vielschreibern empfehlen wir dringend und inständig, die Bücher aus der Literaturliste – außer dem BGB!

Und wie bei so vielen Dingen macht auch hier Übung den Meister. Schreiben Sie – und fordern Sie von Ihren Lesern Rückmeldungen ein. Nur so können Sie besser werden.

Der Ton macht die Musik

Klare, einfache, positive Sprache ohne Schnörkel hilft Ihnen auch in der mündlichen Kommunikation weiter – obwohl dabei noch die zusätzlichen Herausforderungen der *Rhetorik* auf Sie zukommen.

Der klarste Satz und die treffendste Formulierung gehen verloren, wenn Sie Ihrem Gesprächspartner damit verbal „auf die Füße treten"... aber das geht natürlich über die Aufgaben einer Lektorin weit hinaus.

Verwandte Muster

Die Lektorin nutzt Blicke in den Rückspiegel (Kap. 6), um sprachliche Fehler und Unverständlichkeiten zu verbessern.

Links & Literatur

[1]   Rechenberg, P.: „Technisches Schreiben (nicht nur) für Informatiker", 3. Auflage 2006, Carl Hanser Verlag

[2]   Schneider, W.: „Deutsch für Profis. Wege zu gutem Stil", Goldmann 2001

[3]   Bürgerliches Gesetzbuch, Paragraph 181. Zitiert nach [2] sowie *http://dejure.org/gesetze/BGB/118.html*. Tragisch – diese Formulierung ist deutsches Gesetz!

[4]   Hargis, G.: „Developing Quality Technical information – A Handbook for Writers and Editors", Prentice Hall, 2004. Die Autorinnen erstellen für IBM technische Dokumentation mit hohem Qualitätsanspruch.

[5]   Zinsser, W.: "On Writing Well. The Classic Guide to Writing Nonfiction", Harper Collins. 25th Anniversary Edition 2001. Seit seiner ersten Auflage 1976 hat dieses Buch nichts von seiner Aktualität eingebüßt – großartiges Vorbild für „gute Schreibe". Bezieht sich auf englische Sprache, viele Ratschläge können Sie trotzdem verwenden.

17 **Der Verschätzer**

Verschätzer: Um die Komponente FooBar zu programmieren, brauchst du 4 Tage.

Entwickler: Aber....

Verschätzer: Still jetzt. Den Rest der Woche kannst du noch schnell die Hardware für die Last- und Performancetests aufsetzen. Das schaffst du in einem Tag.

Entwickler: Aber....

Verschätzer: Mit dem neuen Blabla-Framework, das wir ab heute einsetzen, schaffen wir übrigens 63 Transaktionen pro Sekunde, genau soviel hat der Auftraggeber gefordert.

Entwickler: (flüstert) Jaja, red' du nur...

©istockphoto.com/porcorex

Zahlen bieten (vermeintliche) Sicherheit

Projektleiter, Auftraggeber oder sonstige Manager fordern von Softwarearchitekten oftmals Zahlen ein: Schätzungen, Bewertungen oder sonstige quantitative Aussagen zu allen möglichen Themen. Meist geht es dabei um erwartete Aufwände, aber auch um mögliche Antwortzeiten, Verfügbarkeiten und/oder Kosten.

Verschätzer antworten freimütig, schnell und vermeintlich präzise. Dadurch suggerieren sie Sachkenntnis und Souveränität. Leider werden Verschätzer regelmäßig von der harten Realität eingeholt und ihre Schätzungen *ad absurdum* geführt [1].

Verantwortungsbewusste Softwarearchitekten legen ihre Unsicherheiten bei Schätzungen offen. Sie benennen Risiken und begründen, warum manche Teile von Schätzungen unsicher sind.

Verschätzer erzeugen Stress

Falls Verschätzer im Auftrag der Projektleitung Entwicklungsaufwände schätzen, kann das bei den betroffenen Entwicklern gehörigen Stress auslösen: Verschätzer ignorieren technische oder fachliche Details, treffen grob vereinfachte Annahmen und gehen von idealen Bedingungen aus[1]. Die entstehenden Schätzungen liegen in der Regel weit unterhalb des tatsächlich benötigen Konstruktions- und Entwicklungsaufwands. Sind diese optimistischen Schätzungen allerdings erst mal bei der Projektleitung gelandet, müssen sich die betroffenen Entwickler ständig die Frage gefallen lassen „Warum seid ihr noch nicht fertig?"

Agile Methoden wie Scrum delegieren die Verantwortung für Aufwandsschätzungen an das Entwicklungsteam: Jeder schätzt dabei seine eigene Arbeit – was zu insgesamt deutlich besseren Resultaten führt.

---

1   Vielleicht ist er ja noch jung oder glaubt an den Weihnachtsmann.

Verschätzer kosten Geld

Stellen Sie sich vor, Sie müssen die Aufwände für ein Festpreisprojekt abschätzen. Ihr Management fordert „verlässliche Zahlen" bis morgen früh. Die fachliche Situation kennen Sie lediglich aus wenigen Seiten grober Anwendungsfälle, Qualitätsanforderungen gibt's keine und die Technologie ist leider noch nicht entschieden. Das Projekt ist für Ihre Organisation sehr wichtig, entsprechend hoch ist der Druck seitens Ihrer Manager.

In solch einer Situation sind viele ITler schon zu Verschätzern geworden.

Wir haben einige Projekt erlebt, in denen solche Schätzungen zu desolaten und extrem teuren *Abenteuern* geworden sind, sowohl für Auftraggeber wie Auftragnehmer. Einerseits liegt natürlich die Ursache bei den unrealistischen Managern, aber die architektonischen *Verschätzer* tragen kräftige Mitschuld. Die gefürchteten *Death-March*-Projekte (die Ed Yourdon in [2] eindrucksvoll schildert) beruhen teilweise auf dem Unwesen von Verschätzern.

Techniken für bessere Schätzungen

Steve McConnell beschreibt in [3] eine Reihe von Techniken zum Schätzen – einige davon stellen wir Ihnen kurz vor:

- Erst zählen, dann rechnen: Suchen Sie etwas, das Sie zählen können und woraus Sie ein sinnvolles Maß für Ihre Schätzgröße ableiten können (etwa: Funktionen, Klassen, Use Cases, Attribute, Bildschirmmasken, Features, Change Requests als Grundlagen für Aufwandsschätzungen).

- Kalibrieren und historische Daten: Suchen Sie Daten aus vergangenen Projekten oder Systemen als Schätzgrundlage.

- Expertenschätzung: Lassen Sie Menschen schätzen, die sich mit der speziellen Materie auskennen. Lehnen Sie Einpunktschätzungen ab, fordern Sie stattdessen Intervalle mit Ober- und Untergrenzen ein.

■ Zerlegung („teile und herrsche"): Brechen Sie das Problem in kleinere Teile auf, die sich einfacher schätzen lassen. Zerlegen Sie ein System in Subsysteme, ein Projekt in Arbeitspakete, ein Dokument in Kapitel und Abschnitte. Sie schätzen dann kleinere Einheiten – und nach dem Gesetz der großen Zahl werden sich dabei zu große und zu kleine Schätzungen gegenseitig aufheben.

■ Lassen Sie mehrere Personen unabhängig voneinander schätzen und mitteln Sie die Ergebnisse.

HINWEIS

Wenn Sie unter starkem Zeitdruck und Unsicherheit schätzen sollen, zeigen Sie diese Risiken mindestens durch die Angabe von Unter- und Obergrenzen auf.

Wählen Sie als Obergrenze dabei ruhig eine höhere *Größenordnung* als die Untergrenze (Beispiel: Untergrenze 10 Tage, Obergrenze 100 Tage). Das entsetzt Ihre Manager auf den ersten Blick – zeigt aber sehr transparent Ihre momentane Unsicherheit auf.

Zeigen Sie auf, welche Faktoren Ihre Schätzungen beeinflussen werden (d. h., welche Dinge oder Ereignisse Ihre Schätzung *verhageln* können!)

Qualitätsmerkmale abschätzen

Sie hören als Softwarearchitekt sicher manchmal Fragen der Art:

■ Wie lange wird denn eine Transaktion dauern?

■ Wie viel Speicher- oder Plattenplatz müssen wir einkalkulieren?

■ Wie lang muss das Kennwort von Benutzern mindestens sein?

■ Wie lange wird es dauern, bis der Benutzer die ersten Suchergebnisse in seiner Bildschirmmaske sieht?

■ Was wird unsere *Meantime Between Failures* sein? Wie viel *Downtime* wird das System im laufenden Betrieb haben?

Falls Ihr System bereits fertig sein sollte, können Sie einige solcher Fragen durch Messungen am laufenden System beantworten. Schwierig

---

wird es, wenn Sie das System gerade erst entwerfen oder implementieren, weil Sie dann auf Basis Ihrer Erfahrung schätzen oder Annahmen treffen müssen.

Hier tun sich Verschätzer wiederum durch forsches Auftreten und wüstes Raten hervor – ihre seriösen Kollegen und Kolleginnen aus der Architektenfraktion verhalten sich deutlich vorsichtiger... Letztere entwickeln schon mal Prototypen oder Pilotimplementierungen, um bereits in frühen Projektphasen die kritischen Leistungsparameter möglichst objektiv messbar zu machen.

Gerade die typischen Effizienz- oder Performancekennzahlen, wie Laufzeit, Reaktionszeit, Durchsatz und ähnliche, können Sie durch Prototypen frühzeitig absichern.

> **HINWEIS**
>
> Klären Sie mit Ihren Stakeholdern, ob diese Fragen Ersatz bzw. Verfeinerung von *Anforderungen* an das System darstellen. Falls ja, dann sind das Qualitätsziele, die Sie als Softwarearchitekt erreichen müssen.
> Notwendige Qualitätsziele sollten Sie im Projekt explizit (d. h., schriftlich und für alle sichtbar!) dokumentieren. Stellen Sie sicher, dass alle Beteiligten diese Ziele kennen!

Produkte einschätzen

Manchmal fordern Auftraggeber oder Manager von Ihnen eine Einschätzung zu Produkten ein, sowohl Software wie auch Hardware. Fragen dieser Art können von der Auswahl eines GUI-Frameworks über die Anschaffung eines UML-Modellierungswerkzeugs bis hin zum Kauf von Servern reichen. Diese Art der Schätzung geht über die primär quantitativen Fragen deutlich hinaus, wir nennen das „Entscheidungen" – siehe „Der Entscheider" (Kap. 18):

Verwandte Muster

Der Verschätzer macht sich als Diktator (Kap. 5) unbeliebt, indem er eigenmächtig und ohne Rücksprache bestimmt, wie lange etwas dauern darf.

Links & Literatur

[1]   Sneed, H. M.: „Software-Projektkalkulation". Harry gibt zahlreiche Industriebeispiele dafür, wie anfällig selbst unsere besten Schätzmethoden in der Praxis sind.

[2]   Yourdon, E.: „Death March. The Complete Software Developer's Guide to Surviving „Mission Impossible" Projects", 2. Auflage, Prentice Hall, 2003.

[3]   McConnell, S.: „Software Estimation – The Black Art Demystified. Microsoft Press, 2006". Steve hat mit seinen anderen Büchern („Software Project Survival Guide" bzw. „Rapid Development: Taming Wild Software Schedules") grandiose Meilensteine gesetzt – wie immer eine lohnende Lektüre.

[4]   McConnell, S.: „Rapid Development: Taming Wild Software Schedules", Microsoft Press, 1996. Schon älter, aber immer noch aktuell.

18 Der Entscheider

Das Entwicklungsteam muss ein GUI-Framework auswählen, mit dem die Benutzeroberfläche künftig entwickelt werden soll. Die Manager fragen, welche Hardware sie einkaufen sollen. Die Architekten müssen bestimmen, welches Protokoll zwischen den Serverkomponenten gesprochen werden soll. Schließlich kommt die Konzernsicherheit und verlangt eine Entscheidung zum Thema Authentifizierung mit SAML oder OAuth...

Fragen über Fragen, und alle liegen bei den Softwarearchitekten auf dem Tisch.

Stefan Zörner hat in [1] einen pragmatischen Ratgeber für Entscheidungen und deren Dokumentation vorgestellt, auf dem wir hier aufsetzen. Entscheidungen bilden das Grundgerüst aller Entwürfe – sie gehören untrennbar zu Softwarearchitekturen dazu.

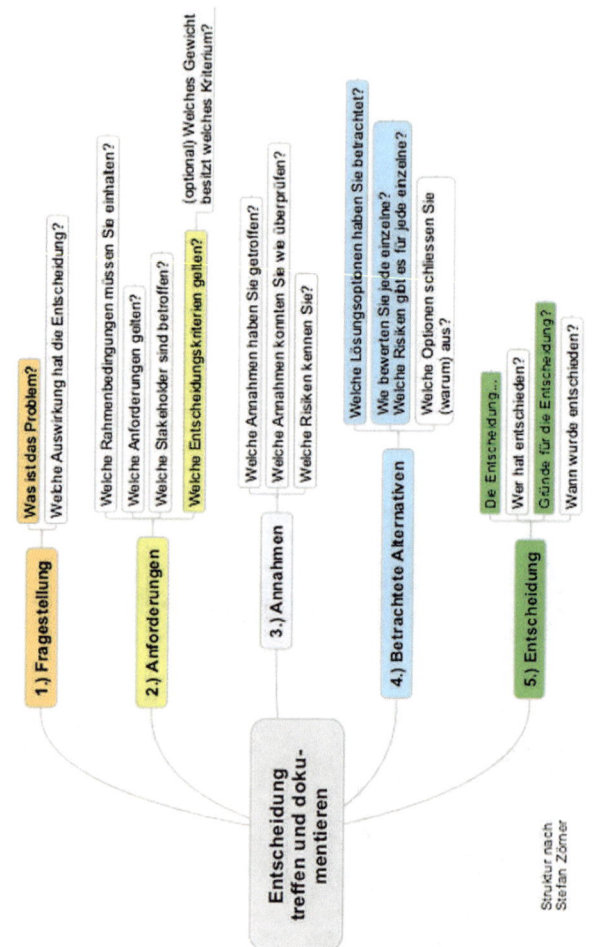

Abbildung 18.1: Entscheidungen von Softwarearchitekten

Was ist das Problem?

Zuerst klären Sie möglichst genau die Fragestellung oder das Problem, zu der/dem etwas entschieden werden muss.

entwickler.press

Welche Anforderungen gelten?

Unter welchen Rahmen- oder Randbedingungen müssen Sie entscheiden? Was sind Ihre Entscheidungskriterien? Schreiben Sie diese Kriterien in eine Tabelle – dann können Sie daneben direkt die Wichtigkeit oder Priorität jedes Kriteriums vermerken.

Zwischen Alternativen entscheiden

Wir treffen in IT-Projekten in der Regel Entscheidungen zwischen mehreren Alternativen. Wenn Sie sich also für MySQL als Datenbank entscheiden, so entscheiden Sie sich gleichzeitig gegen die Alternativen Postgres und SQLite.

Vor jeder Entscheidung sollten Sie daher die möglichen Alternativen aussuchen und einzeln hinsichtlich sämtlicher Entscheidungskriterien bewerten oder einschätzen.

Falls Sie dabei Annahmen treffen müssen oder Ihre Einschätzungen für unsicher halten – dann vermerken Sie das ausdrücklich!

Entscheidungen treffen und begründen

Bisher haben Sie die Entscheidung lediglich vorbereitet – der oder die Entscheider müssen auf Basis der gesammelten Anforderungen und Einschätzungen nun entscheiden!

Stellen Sie eine Matrix mit Alternativen und Kriterien auf und diskutieren Sie mit den Stakeholdern über Bewertungen, Einschätzungen, Vor- und Nachteile sowie Risiken. Dadurch können Sie a priori das gemeinsame Verständnis der Alternativen und ihrer Auswirkungen verbessern. So vorbereitet sollten Sie (oder andere Entscheider) nun die eigentliche Entscheidung treffen können!

Für jede Entscheidung haben Entscheider immer Gründe – und genau die sollten Sie auch festhalten!

WAR STORY

Für ein mittelständisches Unternehmen aus der Chemieindustrie habe ich die Architektur- und Technologieansätze für die Neuentwicklung eines der Kernprodukte als Alternativen gegenübergestellt – im Wesentlichen Java versus C# versus die bisher eingesetzte proprietäre Entwicklungsplattform. Mit diesen Alternativen konnte ich mit kleinen Teams funktionsfähige Prototypen implementieren und technische wie organisatorische Konsequenzen aufzeigen. Aus technischer Sicht lagen Java und C# praktisch gleichauf vorn, die proprietäre Plattform um Längen abgeschlagen dahinter.

Der Entscheider ließ sich Kriterien und Ergebnisse erläutern und brachte dann einige organisatorische und kaufmännische Aspekte ins Spiel – und hat innerhalb weniger Stunden entschieden (für C#, weil ihm die für uns notwendigen spezialisierten UI-Widgets für die avisierte Kundschaft besser gefiel).

Ein gutes Jahr später hat dieses Unternehmen erfolgreich die erste Version seiner neuen Produktgeneration am Markt eingeführt, die auf Basis dieser Entscheidung entwickelt worden war. *(GS)*

HINWEIS

Dokumentieren Sie immer die **Gründe** für Ihre Entscheidungen. Die Tatsache selbst (z. B.: „Wir haben uns für MySQL als Datenbank entschieden") findet jeder Interessierte im System sofort wieder.

Der richtige Zeitpunkt

Wann sollten Sie Entscheidungen treffen? So früh wie möglich, um weiterarbeiten zu können? So spät wie möglich, um möglichst viele Informationen sammeln zu können? Timeboxed, d. h., zu einem vorher festgelegten Zeitpunkt?

Entscheidungen „so früh wie möglich" können ein kollektives Gefühl von Fortschritt und Dynamik im Team bewirken. Gerade zu Beginn einer Entwicklung gibt es oft eine Vielzahl offener Punkte, von denen Sie als Softwarearchitekt einige *schnell* entscheiden können. Nutzen Sie die kollektive Erfahrung des Teams für solche *early decisions*.

Entscheidungen von außergewöhnlicher Tragweite (Kosten, Aufwände, Risiken) sollten Sie mit mehr Zeit treffen: Bei der Entscheidung zum *last responsible moment* [2] sammeln Sie möglichst viele Informationen und verzögern die Entscheidung, bis Sie das Entscheidungsrisiko für angemessen halten.

Außerdem können Sie Entscheidungen zu einem vorab definieren Zeitpunkt treffen, sozusagen *timeboxed*: Alle Beteiligten dürfen Ihnen bis dahin ihre jeweiligen Alternativen, Argumente, Risiken oder Wünsche erläutern. Sie müssen sich bis zum Entscheidungszeitpunkt auf Basis dieser Informationen eine Meinung gebildet haben.

Schließlich gibt es noch die Variante *Entscheidung endlos verzögern*, die manchmal aus politischen Gründen oder aus Unsicherheit zum Tragen kommt – das finden wir persönlich eher zweifelhaft.

Alle Varianten haben ihre Fürsprecher, aber Sie selbst müssen für jede Entscheidung mit Relevanz für die Softwarearchitektur einen angemessenen Zeitpunkt finden – was ja schon eine Entscheidung ist...

> **HINWEIS**
>
> Entscheidungen benötigen Mut, manchmal auch Durchsetzungskraft und ein hartes Fell.
>
> - Trennen Sie zwischen Mut und Waghalsigkeit: Eine mutige Entscheidung treffen Sie auf Basis der bestmöglichen Informationen und unter Kenntnis der Risiken. Waghalsige Entscheidungen gehören nicht in IT-Projekte!
> - Etablieren Sie ein systematisches Vorgehen für wichtige Entscheidungen und deren Kommunikation (schriftlich wie auch mündlich).

Welche Entscheidungen sind architekturrelevant?

Woran können Sie denn erkennen, welche Entscheidungen große Tragweite besitzen und daher gründlicher vorbereitet werden müssen? Statt einer pauschalen Antwort geben wir Ihnen einige Kriterien an die Hand.

Aus unserer Sicht erfüllen Architektur- oder systemrelevante Entscheidungen eine oder mehrere der folgenden Bedingungen:

- Sie kosten viel Geld – sofort oder im weiteren Verlauf des Projekts
- Sie betreffen viele Stakeholder, beispielsweise große Teile des Entwicklungsteams, alle Tester, das gesamte Management oder alle Anwender
- Sie betreffen die Kernfunktionen des Systems
- Sie betreffen die wichtigsten Qualitätsziele des Systems
- Sie sind inhärent langfristig und lassen sich nur schwer durch neue Entscheidungen ablösen
- Sie haben viele Konsequenzen oder Nebenwirkungen innerhalb des Systems
- Sie zeigen Konsequenzen an den Außenschnittstellen des Systems, sodass auch Nachbarsysteme von dieser Entscheidung betroffen sein können
- Sie gehen über Ihren Erfahrungshorizont (oder den des Teams) hinaus, d. h., Sie betreten mit dieser Entscheidung Neuland.

Verwandte Muster

Entscheider vermeiden Alleingänge und konsultieren stattdessen maßgebliche Stakeholder, um sich nicht als Diktator (Kap. 5) unbeliebt zu machen.

Links & Literatur

[1]   Zörner, S.: „Historisch gewachsen", Java Magazin 10.2009, *http:// it-republik.de/jaxenter/news/Architekturen-dokumentieren-Historisch-gewachsen-049068.html*

Hier finden Sie das Original der Entscheidungs-Mindmap – lesenswert erläutert.

[2]   Poppendieck, M.: „Last Responsible Moment": *http://poppendieck. com*

19 Die ständig Lernenden

Gute Softwarearchitekten lernen ständig weiter, sowohl in fachlicher wie auch technischer Hinsicht. Die Grundlagen unserer Disziplin sind seit einigen Jahren zum Glück durch ein unabhängiges Gremium, den iSAQB[1] e. V., recht gut standardisiert – wir empfehlen diesbezüglich dringend einen Blick in [1]. Der iSAQB definiert für die Grundlagenausbildung für Softwarearchitekten einen Lehrplan, der aus folgenden Bereichen besteht:

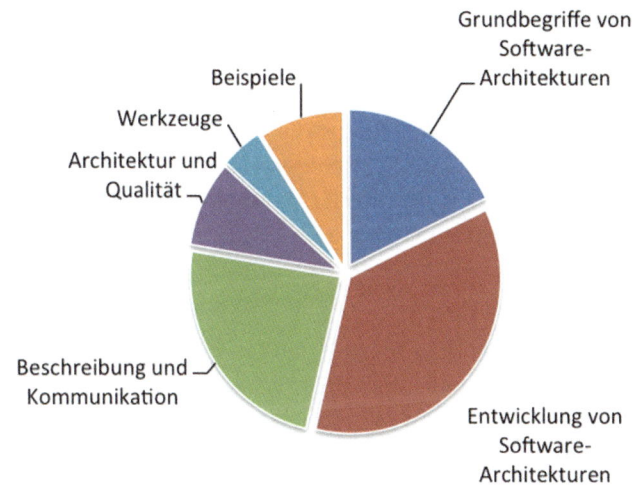

Abbildung 19.1: Lehrplan für Softwarearchitekten

Damit haben Sie dann solide Grundlagen, auf denen Sie Ihr ständiges Lernen prima aufbauen können!

---

1 International Software Architecture Qualification Board, gegründet 2008 von mehr als 20 Personen aus unterschiedlichen Organisationen (unter anderem sind wir Autoren auch dabei!)

Breite und Tiefe

Wir empfehlen Ihnen, bei Ihrer Aus- und Weiterbildung ein T-ähnliches Modell zu verfolgen, siehe nachfolgende Abbildung.

Abbildung 19.2: Modell für Aus- und Weiterbildung

Der Querbalken dieses Ts symbolisiert die breiten Grundlagen, die Sie auf jeden Fall kennen sollten. Der senkrechte Balken bezieht sich auf Spezialwissen, dass Ihnen in einem oder mehreren Bereichen den Expertenstatus sichert. Diese Kombination charakterisiert unserer Erfahrung nach gute Softwarearchitekten – wobei die Art der Spezialisierung kaum eine Rolle spielt.

Das T-Modell finden Sie übrigens in [2] und [3] erläutert, bei Scott Ambler in [4] als „generalisierender Spezialist" bezeichnet.

Programmieren

Offensichtlich die grundlegendste Grundlage überhaupt. Mehrsprachigkeit gereicht Ihnen zum Vorteil. Ziemlich gut finden wir folgenden Mix:

- C, um die Niederungen von Speicherverwaltung und Pointern zu erleiden[2].

---

2   C-Programmierung ist bei mir (Gernot) schon eine Weile her. Aber damals habe ich wirklich gelitten...

- Eine objektorientierte Sprache wie Smalltalk, es geht auch Java, C# oder Objective-C, um die Grundlagen von Klassen, Objekten, Methoden, Instanzen, Vererbung und Delegation kennen zu lernen.

- Eine funktionale Sprache wie einen Lisp-Dialekt (gerade ist Clojure sehr *en vogue*, ein modernes Lisp auf Basis der Java-VM) oder Haskell, um die Vorteile von unveränderlichen (*immutable*) Datenstrukturen, Rekursion und funktionaler Zerlegung zu lernen. Die Chancen stehen übrigens gut, dass Sie mit funktionaler Programmierung gleich den Emacs kennen lernen – mit dem Sie sich in jeder beliebigen Gruppe von Softwareentwicklern als *cooler Geek* profilieren können.

- Eine deklarative Sprache wie Prolog, Erlang oder eine Regelsprache wie JBoss-Drools.

- Eine Skriptsprache wie Perl, Python oder Groovy, um deren Einsatzmöglichkeiten abschätzen zu können.

Sorry, wenn Ihre Lieblingssprache in unserem Spektrum fehlt.

Das Erlernen neuer Programmiersprachen hört scheinbar niemals auf – in den letzten Jahren kamen Sprachen wie Scala, Groovy oder Go auf, ältere Ansätze wie Ruby oder JavaScript wurden nach Jahren der Ruhe plötzlich zum Mainstream. Da müssen Sie als Softwarearchitekt dran bleiben – und ab und zu vielleicht einmal eine neue Sprache ausprobieren.

Abstrahieren und Modellieren

Die Fähigkeit, im Chaos Struktur und Ordnung zu erkennen, und diese Ordnung verständlich darzustellen und zu vermitteln, sollten Sie üben, üben und nochmals üben.

Dazu hilft es enorm, wenn Sie über einige standardisierte Mittel verfügen – beispielsweise Grundkenntnisse der UML und/oder der Entity-Relationship-Modellierung. Schön für Ihre Projekte sind darüber hinaus Erfahrungen in entsprechenden Modellierungswerkzeugen.

Hierzu zählen wir diverse Grundlagen des Software-Engineerings, beispielsweise die Trennung von Verantwortlichkeiten (*Separation of Concerns*), die Bildung und Definition klarer Schnittstellen (*Interface Segregation*).

Technische Konzepte

Neben der reinen Programmierung sollten Sie diverse typische Konzepte und deren Umsetzung kennen. Wir zählen mal wieder ohne Anspruch der Vollständigkeit einige unserer Lieblingsbeispiele auf:

- Datenspeicherung (Persistenz), insbesondere Datenbanken: Lernen Sie SQL und eine der bekannten relationalen Datenbanken kennen. Für Architekten moderner Webanwendungen könnten NoSQL-Systeme (wie Cassandra, MongoDB, CouchDB) sehr spannend sein.

- Grafische Oberflächen: Entwurf und Implementierung grafischer Oberflächen basieren in der Regel auf entsprechenden Frameworks. Silverlight, Swing, Eclipse-RCP, QT oder die modernen Pendents des Web-UI (GWT, JSF, ASP) bringen jeweils ihre eigene Interpretation von Fenstern, Rahmen, Widgets, Menüs und der Interaktion zwischen Benutzern und Programm mit. Ein riesiges Gebiet...

- Grundlagen vernetzter und verteilter Systeme: Das Internetprokoll und TCP/IP, Sockets, Ports und Datenpakete, Firewalls, Routing und die damit verbundenen Performance- und Sicherheitsprobleme.

- Grundlagen des Internets und der Entwicklung von Webanwendungen – insbesondere das zustandslose HTTP-Protokoll, Funktionsweise und Konfiguration von Webservern, User Agents (aka Browsern) mit HTML, CSS und JavaScript.

- Sicherheit und Kryptologie: Verschlüsselung mit symmetrischen und asymmetrischen Verfahren, Hash-Verfahren, digitale Signaturen und Zertifikate. Das Konzept von öffentlichen Algorithmen und geheimen Schlüsseln, mögliche Angriffe gegen kryptografische Verfahren.

- Nebenläufigkeit, Parallelität und die Schwierigkeit, eine einzelne CPU mehrere Dinge scheinbar gleichzeitig bearbeiten zu lassen. Synchronisation und Semaphore, Aktor-Modell, Threads, Prozesse und Kontextwechsel.

- Transaktionsmanagement und -monitore, Caching, Logging und Protokollierung.

- Echtzeitsysteme, bei denen garantierte Antwortzeiten eine Rolle spielen.

- Betriebssysteme und ihre Eigenarten.

Handwerkszeug von Entwicklungsteams

Entwicklungsumgebungen, Editoren und Debugger haben Sie sicherlich schon beim Programmieren kennen und lieben gelernt. Für professionelles Arbeiten benötigen Sie Versionsverwaltung (Subversion, Git, Mercurial & Co), Buildmanagement (make, ant, maven), sowie eine grundsolide Testautomatisierung (für Unit-, System- und Lasttests). Schauen Sie kurz in das Kapitel „Toolistan" (Kap. 22) – dort finden Sie ein paar weitere Hinweise zu Werkzeugen.

Handwerkszeug von Projektleitern

Der Himmel möge es Ihnen ersparen, aber es könnte durchaus geschehen, dass Sie als Softwarearchitekt gleichzeitig in die Rolle des *technischen Managers* kommen oder gar des *technischen Projektleiters*. Für solche Fälle wappnen Sie sich mit den Grundlagen von Projekt- und Risikomanagement und einer Prise Betriebswirtschaft. Einen Netzplan oder Gantt-Chart können Sie lesen und selbst erstellen (auch wenn das agilen Architekten in den Fingern schmerzt), eine Work-Breakdown-Struktur entwickeln und Projektaufwände schätzen („Der Verschätzer", Kap. 17). Sie können kleine Teams moderieren und Konflikte lösen.

Das klingt unmöglich? Erinnern Sie sich an das T-Modell: Als Generalist brauchen Sie von vielen der genannten Dinge nur grundlegende Kenntnisse oder Fertigkeiten. Entwickeln Sie sowohl Ihr Generalisten- wie auch Ihr Spezialistenwissen weiter.

Voraussetzung: Ständige Neugier

Eine Grundvoraussetzung für das ständige Lernen heißt *Neugierde*. Das bedeutet Interesse daran, neue Ansätze, Technologien oder Methoden zu erlernen und mit eigener Erfahrung zu vergleichen. Ohne diese Bereitschaft, ständig zu lernen, nimmt der Wert von Architektenwissen und -fähigkeiten mit der Zeit immer mehr ab. Sie kennen ja die kurzen Halbwertszeiten vieler Themen in der IT.

Verwandtes Muster

Der Trend zum Zweitbuch hat die Informatik erreicht: Schmökern (Kap. 24) hilft beim Lernen.

Links & Literatur

[1]   International Software Architecture Qualification Board (iSAQB): *http://www.isaqb.org*. Der Verein zur Definition und Standardisierung von Ausbildung und Qualifikation von Softwarearchitekten. Falls Sie aktiv und ehrenamtlich mitarbeiten möchten, etwa bei der Verbesserung und Weiterentwicklung des Lehrplans – herzlich willkommen. Das gesponserte Essen auf den jährlichen Versammlungen können wir wirklich empfehlen, die Atmosphäre ist super und von den Mitgliedern kann man immer wieder interessante Dinge über Architektur lernen!

[2]   Zörner, S.: „Sind Sie Architekt oder Entwickler?": *http://it-republik. de/jaxenter/artikel/Gretchenfrage-2.0-Sind-Sie-Architekt-oder-Entwickler-3367.html*

[3]   Heinemann, E.: „Jenseits der Programmierung: Mit T-Shaping erfolgreich in die IT-Karriere starten", Carl Hanser Verlag, 2010.

[4]   Ambler, S.: „The Generalizing Specialist": *http://www.agilemodel ing.com/essays/generalizingSpecialists.htm*

20 Die Kommunikatorin

Als Architektin treffen Sie wichtige Entwurfsentscheidungen und entwickeln technische Konzepte. Doch es reicht nicht, diese Entscheidungen nur zu treffen. Sie müssen sie auch an viele Personen kommunizieren. Und das machen Sie auf zwei Arten: schriftlich und mündlich!

©istockphoto.com/ma_rish

First talk, then write [1]

Als geschickte Architektin treffen Sie Ihre Entscheidungen nicht alleine im Elfenbeinturm. Sie stellen sich mit Ihren sachkundigen Stakeholdern ans Whiteboard, Stift in der einen Hand, Schwamm in der anderen, und diskutieren Alternativen durch. Wenn Sie dann zu einem zufrieden stellenden Ergebnis gekommen sind, halten Sie es schriftlich fest. In erster Näherung genügt es oftmals, das Ergebnis zu fotografieren und es an passender Stelle in die Dokumentation einzufügen.

Dokumentieren ist schriftliches Kommunizieren

Das Festhalten nur an der Tafel oder der Pinnwand reicht für die meisten Projekte langfristig nicht aus. Außer der Gefahr, dass Ihre Putzkolonne trotz „Bitte nicht löschen"-Schild aufräumt, brauchen Sie Dokumentation Ihrer Softwarearchitektur auch für Kollegen, die bei der Diskussion am Whiteboard nicht dabei waren (weil sie z. B. in Indien oder China arbeiten), und vor allem auch für diejenigen, die sich Jahre nach Ihnen zwecks Pflege und Weiterentwicklung mit der Software auseinandersetzen müssen.

> **HINWEIS**
>
> Dokumentation ist für Leser, nicht für die Ersteller! Denken Sie immer daran, wie vielen Personen Sie zukünftig durch passende Dokumentation Aufwand ersparen können!

Schmerzfreie Dokumentation

Ein paar Stilregeln helfen, Dokumentation schmerzfrei(er) zu erstellen:

- Wir fordern Sie explizit dazu auf, strukturiert faul zu sein (vgl. Kap. 4). Erläutern Sie die Struktur im Großen, statt Details aus dem Sourcecode nochmals in UML nachzubilden. Lieber weniger, dafür aber akkurat und korrekt. Sie wissen schon: Wenn Sie zweimal in der Dokumentation etwas finden, was nicht mit dem Sourcecode übereinstimmt, dann schlagen Sie sie kein drittes Mal auf.

- Auf jeden Fall: redundanzfrei! DRY – Don't repeat yourself – heißt das Merkwort. Es ist selten schmerzfrei, wenn Sie ein und dieselbe

Schnittstelle an drei Stellen beschrieben haben. Wir garantieren Ihnen, dass Sie bei einer Änderung nicht mehr alle Stellen finden und ausbessern.

- Lieber standardisierte (UML-)Diagramme als persönlich erfundene Grafiksymbole. Die meisten Tools erlauben Ihnen heute die Nutzung von Farbe, Schatten, Hervorhebungen, Annotationen, ... Damit werden Ihre Diagramme auch managementtauglich. Mehr Hinweise zur agilen Nutzung von Modellen finden Sie im Agile Modeling Guide (Kapitel 32).

- Zu den heute so häufig anzutreffenden Kraftpunktarchitekturen[1] hat der Untersuchungsausschuss der NASA nach dem Unglück des Space Shuttle Folgendes festgehalten [2]:
  „The Board views the endemic use of PowerPoint briefing slides instead of technical papers as an illustration of the problematic methods of technical communication at NASA."[2]
  Leider sind selbst erfundene Symbole ohne erläuternde Legende nicht nur ein Problem der Praxis, sondern auch in vielen Büchern über Architektur als abschreckende Beispiele enthalten. Obwohl diese lange nach Einführung des UML-Standards verfasst wurden.

- Ihre Architekturdokumentation muss nicht vor der Codierung fertig sein, aber auch nicht erst nach Abnahme des Systems. Idealerweise erstellen Sie diese projektbegleitend. Das hilft Ihnen, Sourcecode-konform zu bleiben und erspart zusätzlichen Aufwand.

Stakeholdergerecht kommunizieren

Nicht jeder im Projekt muss alles wissen und hören. Als geschickte Kommunikatorin versorgen Sie jeden mit der notwendigen Information. Dabei hilft es, wenn Ihre Dokumentation möglichst automatisch für unterschiedliche Personen in geeigneter Form aufbereitet werden kann. Sie wollen ja manuell möglichst keine Redundanz pflegen (siehe oben).

---

1 Engl.: Powerpoint Architecture
2 Danke an Michael „Secure" Voucko für diese Quelle

Mit Word & Co. ist das nicht leicht. Leichter schon mit Repository-basierten Tools, aus denen Sie maßgeschneiderte Reports drucken können. Mal mit mehr Tiefgang, mal mit weniger; mal nur mit einem Teilbaum, der momentan in Diskussion ist etc. Moderne Wiki-Systeme erlauben zusätzlich kollaboratives Arbeiten und Generierung zielgruppengerechter pdf-Dokumente.

> **HINWEIS**
>
> Wählen Sie für die Dokumentation ein Medium, das Ihnen möglichst große Flexibilität in der Gestaltung des Outputs bei minimalem manuellem Aufwand gibt. Alles, was Sie redundant erstellen müssen, droht zu veralten.

Verwandtes Muster

Die Kommunikatorin nutzt die Fähigkeiten einer Lektorin (Kap. 16), um durch bessere Ausdrucksweise effektiver zu kommunizieren.

Links & Literatur

[1]   Ein Erfolgsmuster aus: DeMarco, T. et al.: „Adrenalin-Junkies und Formular-Zombies", Carl Hanser Verlag, 2007

[2]   Columbia Accident Investigation Board, Final Report S. 191, *http://caib.nasa.gov/news/report/pdf/vol1/chapters/chapter7.pdf*

[3]   Reynolds, G.: „Presentation Zen: Simple Ideas on Presentation Design and Delivery" (2nd Edition), New Riders, 2011, oder sein Blog: *http://www.presentationzen.com/*

[4]   Reynolds, G.: „The Naked Presenter – Delivering Powerful Presentations With of Without Slides", New Riders, 2011

[5]   Duarte, N.: „Slide:ology: The Art and Science of Creating Great Presentations", O´Reilly, 2008

[6]   Duarte, N.: „Resonate: Present Visual Stories that Transform Audiences", John Wiley, 2010

21 Der Ignorant

Der Mensch hat dreierlei Wege klug zu handeln:
Durch Nachdenken ist der edelste,
durch Nachahmen der einfachste,
durch Erfahrung der bitterste.

Konfuzius

Entwickler: Ich finde, wir sollten das etablierte Framework <IhrLieblings-DB-framework> zum Datenbankzugriff nutzen...

Ignorant: Quatsch – das bauen wir lieber selbst.

Entwickler: Und für das Webfrontend könnten wir <RobustesMVC-Framework> verwenden, das ist ja sehr stabil...

Ignorant: Unfug – so altes Zeug. Wir brauchen <CoolesFeatureX>, das kann das ja nicht.

Entwickler: Sollen wir wirklich MVC oder MVP als Bibliothek selbst implementieren?

Ignorant: Pattern, immer Patterns. Wir brauchen mehr Innovation, wir müssen uns positiv differenzieren. Wir sind keine Nachahmer!

Mit etwas Glück sind Ihnen persönlich solche Phrasen erspart geblieben. Ignoranten vermeiden Wiederverwendung und können vermeintlich alles. Sie machen Fehler lieber selbst, als aus den Fehlern anderer zu lernen.

©istockphoto.com/PeskyMonkey

Ignoranz in Perfektion: Die NIH GmbH

WAR STORY

Eines meiner frustrierenden Projekterlebnisse drehte sich um eine kleine
Softwarefirma, deren Chefs in den neunziger Jahren eine spannende
Geschäftsidee im Bereich Standardsoftware für den Einzelhandel hatten.
Laut der Meinung von Investoren, Banken und IT-Experten eine echte
Marktlücke mit hohem Ertragspotenzial.

Die Firma, nennen wir sie exemplarisch „NIH GmbH", bekam über eine
Million Euro Venture-Kapital und stellte rund ein Dutzend Softwareentwickler ein. Fast zwei Jahre lang entwickelte NIH „vor sich hin" – dann war
das Geld aufgebraucht, das Produkt leider noch nicht fertig.

Ich durfte im Auftrag eines Insolvenzverwalters die vorhandenen Sourcen
auf ihre Verwertbarkeit und ihren Verkaufswert hin untersuchen. Sie raten
richtig, dass es keine nennenswerte Dokumentation auf konzeptionellem
Niveau bei NIH gab.

Mein Entsetzen wuchs jedoch erst dann in ungekannte Sphären, als ich
folgende Dinge vorfand:

- Ein selbst geschriebenes OR-Mapping-Framework, das zwar sehr performant funktionierte, jedoch keinerlei Fehler- und Ausnahmebe- handlung enthielt; die damals marktüblichen Alternativen waren mit der Begründung „für uns nicht gut genug" abgelehnt worden
- Fragmente eines eigenen UI-Frameworks; Java Swing hätte, so die Ar- gumentation von NIH, „uncool ausgesehen"
- Ein selbst geschriebenes Framework zur Bearbeitung von Domänenob- jekten im (unfertigen) UI-Framework; klassische Muster wie Data Trans- fer Objects hatten die Entwickler nicht verwendet
- Nur Konzepte, keinen Quellcode der eigentlichen Geschäftsidee (Wa- renwirtschaft und Lagerhaltung für Einzelhändler)

Keine lauffähigen Demos, keine funktionsfähigen Prototypen. Nichts Vor- zeigbares! Die lapidare Ausrede der NIH-Verantwortlichen: „Dafür hatten wir keine Zeit, weil wir erst unsere Frameworks fertigstellen mussten!"
Ok – die NIH GmbH ist damit sicherlich ein Opfer katastrophalen Ma- nagements geworden – aber die technischen Ignoranten haben ihr Scherflein zum Scheitern beigetragen! Statt Vorbilder und Beispiele zu nutzen, schlug das *Not-invented-here*-Syndrom in seiner schlimmsten Ausprägung zu!
Ich brauche nicht mehr zu erwähnen, dass sich für keinen Teil dieses Quellcodes ein Käufer fand. *(GS)*

Schule bestraft Abschreiben

Woher stammt die Ignoranz? Eine Ursache liegt in unserer jahrelangen Prägung durch die Schulen: Als Kindern haben unsere Lehrer uns bei- gebracht, unsere Aufgaben *selbst* zu bearbeiten. Auf keinen Fall durften wir von den Nachbarn abschreiben – *Wiederverwendung* wurde bestraft – insbesondere in kritischen (Prüfungs-)Situationen.

Sicherlich müssen wir grundlegende Fähigkeiten *selbst* erlernen und üben, oftmals auch Dinge in Eigenleistung erbringen[1]. Aber diese Men-

---

1 Beispielsweise Doktorarbeiten – siehe das Negativbeispiel von Herrn Nicht-mehr-Doktor Guttenberg.

talität übertragen Ignoranten leicht auf ihr Berufsleben. Dabei können wir Softwarearchitekten eine Menge von guten Vorbildern *abschreiben*... (siehe [1], [2], [3], [4])

Moderne Schulen fördern in Haus- und Seminararbeiten übrigens die Wiederverwendung: Nutzen und Aufarbeiten von Literatur- und Internetquellen erzieht Kinder zum kritischen Umgang mit „Abschreiben": Sie lernen und üben, Quellen und Beispiele hinsichtlich ihrer Relevanz und ihres Nutzens einzuschätzen.

Als Softwarearchitekt sollten sie, ganz entgegengesetzt zum Ignoranten, möglichst viel von anderen lernen, andere Ansätze analysieren und bewerten, andere Konzepte verstehen.

Von anderen lernen

Lernen in der Softwarearchitektur können Sie aus vielerlei Quellen:

- Nachbarprojekte: Ihre Kollegen und Kolleginnen sammeln in den Projekten eine Menge Erfahrungen – über Produkte, Technologien, die Domäne, Strukturen, Konzepte und Prozesse. Fragen Sie in anderen Projekten aktiv nach – tauschen Sie Wissen und Erfahrungen aus.

- Architektur- und Entwurfsmuster: Viele Bücher der Informatikfachliteratur beschäftigen sich in den letzten Jahren mit Mustern: Angefangen von codenahen Entwurfsmustern [1] und Idiomen über allgemeine Architekturmuster [2], [3] bis hin zu spezialisierten Musterfamilien zu Security, Verteilten Systemen, Resource-Management, Enterprise-Information-Systems [4] – für fast jede Art von Systemen hält die Pattern-Community [5] erprobte Ideen und Ansätze bereit.

- Beispiel- und Referenzarchitekturen: Hier wird's besonders interessant, leider auch besonders schwierig: Softwarearchitekturen gelten innerhalb von Unternehmen meist als vertraulich oder geheim – dürfen daher selten veröffentlicht werden. Open-Source-Systeme wären eine Alternative – deren Architekturbeschreibung ist leider meistens grottenschlecht (wie ein Blick in [6] schnell bestätigt).

- Selbst Systeme entwerfen und deren Umsetzung begleiten (beispielsweise Open Source). Leider dauert das sehr lange[2], ist aber der garantiert nachhaltigste (Leidens-)Weg für angehende Softwarearchitekten.

- Beteiligen Sie sich an User Groups (beispielsweise den Java User Groups oder ähnlichen), um technische Vorbilder kennen zu lernen.

> **HINWEIS**
>
> Suchen Sie intensiv nach Beispielen für Softwarearchitekturen – in Ihrer Organisation, im Kreis von Kollegen, auf Fachveranstaltungen oder im Internet. Auch abschreckende Beispiele helfen!
>
> Stellen Sie sich mit Ihrem Team periodisch gegenseitig Beispiele von Architekturen vor – und diskutieren Sie gemeinsam, was Sie aus den Beispielen lernen können.
>
> Kaufen Sie [6] – das hilft Ihrer Architekturbildung zwar nur ein wenig, aber es unterstützt mit Amnesty International einen guten Zweck!

Umgehen mit Ignoranten

Sollten Sie in Ihrem Projekt Ignoranten antreffen, die unbedingt alle Fehler selbst erleiden wollen – dann sollten Sie diese Tatsache schnellstens als gravierendes Risiko melden und eskalieren.

Verwandte Muster

- Allein im stillen Kämmerlein, ohne anregende Diskussion mit der Außenwelt – kommen Elfenbeintürmler (Kap. 2) auf seltsame Ideen, von denen „lieber selbst bauen" nur eine ist.

- Heroische Programmierer schreiben schon mal eine Funktion neu, weil sie es (vermeintlich) besser können als der ursprüngliche Autor.

---

2 Committer der Apache Software Foundation haben uns erzählt, dass sie zwischen 6 und 18 Monaten hinweg 5 bis 10 Wochenstunden investiert haben, bevor Sie den Committer-Status verliehen bekamen – und damit auch *architektonisch* an ihren jeweiligen Projekten arbeiten konnten.

Auf solche Codehelden (Kap. 10) lauert das *Not-invented-here*-Syndrom – hier müssen Sie Angemessenheit walten lassen und möglicherweise entgegen den Wünschen der Codehelden entscheiden, um der Ignoranzfalle zu entgehen.

Links & Literatur

[1]   Gamma, E. et al. (Gang-of-Four): „Design-Patterns – Elements of Reusable Software", Addison-Wesley, 1995. Der Klassiker zu Entwurfsmustern. Einige davon zeitlos, andere durch moderne Programmiersprachen und Bibliotheken bereits konkret umgesetzt und daher nicht mehr ganz so wichtig.

[2]   Buschmann, F. et al.: „Pattern-Oriented Software Architecture (Vol. 4) – Patterns for Distributed Computing", Wiley, 2007. Sehr gut abstrahierter Überblick über 10 Jahre Architekturmuster mit Verweisen auf die Spezialliteratur.

[3]   Buschmann, F. et al.: „Pattern-Oriented Software Architecture (Vol. 1) – A System of Patterns", Wiley, 1996. Die klassischen Architekturmuster.

[4]   Fowler, M.: „Patterns of Enterprise Application Architecture", Addison-Wesley, 2002. Muster für praktizierende Architekten von Informationssystemen.

[5]   Hillside – die Heimat der Pattern-Gemeinde: Sie finden dort einen umfangreichen Pattern-Katalog und Berichte der einschlägigen Pattern-Konferenzen: *http://hillside.net/patterns/*

[6]   Brown, A.; Wilson, G. (Eds.): „The Architecture of OpenSource Applications", Lulu, 2011. Eine großartige Idee, leider schlecht umgesetzt: Viel zu grober Überblick, völlig inhomogen dargestellt, kaum Begründungen. Sie können wahrscheinlich fast nichts daraus lernen. Dafür werden immens coole Systeme beschrieben (u. a. Erlang/OTP, die Bourne-Shell, Eclipse und mehr als 20 weitere).

22 Toolistan

In fernen Lande Toolistan leben größtenteils optimistische Menschen. Sie glauben fest daran, dass mit einem neuen Werkzeug das nächste Projekt schon sauber laufen wird. Sie vertrauen in die farbenprächtigen Broschüren der Hersteller, denn wer so teure Werkzeuge produziert, der wird sich wohl gut auskennen. Allerdings leiden diese Toolistaner unter einer fast krankhaften Vergesslichkeit: Fast einhellig vergessen sie die Strapazen und Probleme aktueller Projekte sofort wieder – vielleicht eine gute Voraussetzung für ihren Optimismus.

Andere Bewohner von Toolistan besitzen schon seit Menschengedenken einfache Hämmer. Sie laufen durchs Land und lösen mit diesem einen Werkzeug vielerlei Probleme: Sie hämmern damit Schrauben in Holzplatten, schlagen damit Unkraut aus Wiesen und können sich auch noch gegen böse Angreifer zur Wehr setzen. Sie behaupten, die meisten Probleme dieser Welt sähen ähnlich aus wie Nägel.

©istockphoto.com/TRITOOTH

Fool with a Tool...

Sie kennen den Spruch eines unbekannten Dichters: „A Fool with a Tool is still a Fool". Die Bewohner Toolistans mögen besser dran sein als ihre armen Nachbarn, die ihre Fische immer noch mit der Hand fangen.

In allen Branchen zeichnen sich Experten durch sach- und fachgerechten Einsatz passender Werkzeuge aus. Das gilt genauso für die Softwareentwicklung im Allgemeinen und Softwarearchitektur im Speziellen.

Wir haben hinsichtlich der Werkzeuge als Softwarearchitekten wieder einmal die Frage der Angemessenheit zu klären: Welche Werkzeuge passen zu den Anforderungen, zum Team, zur Organisation? Welche Werkzeuge machen uns schneller, welche würden uns eher behindern? Wie können wir durch den Einsatz von Werkzeugen die Qualität des Systems verbessern? Passt das Verhältnis von Kosten und Nutzen?

Solche Entscheidungen können Sie nur treffen, wenn Sie eine ganze Reihe möglicher Werkzeuge kennen und deren Einsatz in realen Projektsituationen erlebt haben.

WAR STORY

Ich habe unter (vorschneller) Werkzeugauswahl lange Zeit „gelitten": Das Management eines meiner Kunden hatte beim (angeblichen) Marktführer das (angeblich) beste (und teuerste) UML-Modellierungswerkzeug für das gesamte Unternehmen lizenziert. Damit stand die Nutzung dieses Werkzeugs für jedes Projekt a priori fest – Alternativen ausgeschlossen. Aufgrund des hohen Preises musste wirklich jedes Projekt das Werkzeug fortan einsetzen – ob angemessen oder nicht.

Leider zeigte das Werkzeug im Praxiseinsatz gravierende Schwächen, unter denen die Projekte ab jetzt zu leiden hatten. Etliche Projekte wären ohne dieses Werkzeug schneller am Ziel gewesen.

Das obere Management war vom kollektiven Leiden natürlich ausgenommen, weil es nichts modellierte. Mehr als einmal habe ich für Managementpräsentationen sogar den Output des seltsamen Tools durch „Neuzeichnen" ersetzen müssen. *(GS)*

Kategorien von Werkzeugen

Nachfolgend zeigen wir Ihnen, welche Kategorien von Werkzeugen wir für wesentlich halten. Sie finden jeweils einige unvollständige Beispiele für Entscheidungskriterien.

Modellierungswerkzeuge	Unterstützung bei Entwurf und Kommunikation von Softwarearchitekturen, z. B. mit UML oder SYSML. Gegebenenfalls Ausgangspunkt für Codegenerierung. Beispiele für Entscheidungskriterien: Mehrbenutzerfähigkeit, Modellvalidierung, Unterstützung von Code- und Reportgeneratoren, Export/Import von Modellen mit anderen Werkzeugen, Unterstützung von Reverse Engineering.
Werkzeuge für die statische Codeanalyse	Bewertung von Quellcode bezüglich Qualitätseigenschaften (etwa: strukturelle Komplexität). Analyse, ob der Quellcode den Vorgaben der Architektur hinsichtlich statischer Struktur und Abhängigkeiten entspricht. Beispiele für Entscheidungskriterien: Automatisierbarkeit, Aufbereitung und Visualisierung der Ergebnisse, Flexibilität hinsichtlich der Analysekriterien und Metriken.
Werkzeuge für die dynamische Analyse (Profiler, Simulatoren)	Untersuchung bestehender Softwaresysteme bezüglich Laufzeiteigenschaften, Performance, Ressourcenbedarf. Beispiele für Entscheidungskriterien: Keine Verfälschung der Messergebnisse durch das Werkzeug, Aufbereitung und Visualisierung der Ergebnisse, Beschränkung auf einzelne Systemteile, Messung in verteilten, heterogenen Umgebungen.
Generierungswerkzeuge	Vorgabe und Erzeugung von Rahmen oder Gerüsten für die Implementierung, Übereinstimmung von Architektur- und Implementierungsmodellen sicherstellen, automatisierte Erzeugung von Artefakten niedriger Abstraktionsebene aus textuellen oder grafischen Modellen. Beispiele für Entscheidungskriterien: Konfigurierbarkeit der Codegenerierung, Vorgabe von Metamodellen und Generierungsschablonen, Unabhängigkeit von der Zielplattform, Trennung zwischen generiertem und manuell erstelltem Code.

Werkzeuge für das Anforderungsmanagement	Unterstützung bei der Analyse und Darstellung sowie dem Management von Anforderungen. Beispiele für Entscheidungskriterien: Mehrbenutzerfähigkeit, Austauschbarkeit der Daten mit anderen Werkzeugen im Entwicklungsprozess, Traceability zwischen Anforderungen, Architektur und Code.
Dokumentationswerkzeuge	Beschreibung und Kommunikation aller Aspekte der Architektur. Beispiele für Entscheidungskriterien: Mehrbenutzerfähigkeit, Versionierbarkeit der Dokumente, automatisierte Generierung aktueller Dokumentation aus Architekturmodellen, zielgruppengerechte Wahl von Detaillierungsgrad und Umfang, Unterstützung von verteilten Reviews.
Build-Werkzeuge	Unterstützung von Kompilierung, Paketierung, Deployment und Test, Überprüfung auf Einhaltung struktureller Vorgaben, Auslösung und Durchführung von Unit- und ggfs. Integrationstests. Beispiele für Entscheidungskriterien: Anpassbarkeit, Konfigurierbarkeit des Builds, Integrierbarkeit unterschiedlicher Technologien, Unterstützung von Staging-Konzepten, Erweiterbarkeit, Auswert- und Verteilbarkeit der Ergebnisse. Einige weitere Informationen bietet Martin Fowler in [1].
Werkzeuge für das Konfigurations- und Versionsmanagement	Versionierung sämtlicher Ergebnisse von Architektur und Entwicklung, Erstellung von Versionen, Revisionen und Konfigurationen, explizite Zuordnung einzelner Elemente zu einer Konfiguration, Rekonstruktion beliebiger Konfigurationen. Versionsmanagementwerkzeuge sind wie Sicherheitsgurt, Airbag und Rückspiegel beim Autofahren: Ohne ist fahrlässig! Beispiele für Entscheidungskriterien: Stabilität und Robustheit, Integration mit anderen Werkzeugen (Build-Management, Issue-/Bugtracker, Anforderungs- und Dokumentations-werkzeug etc), Verfügbarkeit von Clients für unterschiedliche Betriebssysteme, Einsatz in heterogenen Umgebungen, Unverfälschbarkeit der eingecheckten Artefakte, Sicherheit.

Programmiersprache, Entwicklungsumgebung, Editor, Compiler, Debugger	Sollte als Selbstverständlichkeit zum soliden Fundament von Softwarearchitekten gehören, auch wenn Sie nicht in jedem Projekt Quellcode selbst produzieren. Uns gefällt [2] sehr gut als Überblick.
Frameworks für Infrastrukturaufgaben wie Persistenz, Transaktionen, Sicherheit, Logging etc.	Hilft Ihnen bei der Festlegung technischer Konzepte, bei der Entscheidung für Technologien oder Technologie-Stacks. Wichtige Basis für Wiederverwendung und Risikominderung, weil Sie nicht alles im Team selbst entwickeln müssen (siehe auch „Der Ignorant", Kap. 21). Leider haben wir nur für Datenbanken einen Lesetipp: [3]

HINWEIS

Falls Sie eine Werkzeugauswahl im Auftrag Ihrer Kunden treffen müssen, so erstellen Sie zuerst einen gewichteten Kriterienkatalog. Danach suchen Sie eine repräsentative Auswahl verschiedener Werkzeuge dieser Kategorie und bewerten diese gemäß Ihrer spezifischen Kriterien.

Nehmen Sie in diesen Katalog in jedem Fall folgende organisatorischen Kriterien auf:

- Vorkenntnisse des Teams
- Einarbeitungs- oder Schulungsaufwand
- Lizenzkosten und -bedingungen
- Reputation des Werkzeugherstellers
- Supportmöglichkeiten
- Öffentlich verfügbare Informationen, Bücher oder sonstige Quellen zum Werkzeug
- Referenzprojekte

Methodische Werkzeuge

Neben den offensichtlichen Softwaretools gibt es noch die Klasse der rein methodischen Werkzeuge: Dabei wenden Sie auf eine Situation ein bestimmtes Vorgehen an. Zu dieser Klasse Werkzeuge zählen wir beispielsweise

- Entwurfsmethoden, wie etwa Top-Down- oder Bottom-Up-Entwurf, Domain-driven Design, Test-driven Development, funktionale Zerlegung, Trennung von fachlichen und technischen Aspekten, Architektur- und Entwurfsmuster [4], [5], [6], [7] und [8].
- Modellierungsmethoden, etwa UML, SYSML, ER-Modellierung oder auch textuelle Ansätze wie Xtext [9].
- Bewertungsmethoden, sowohl qualitative (z. B. ATAM, [10]) als auch quantitative Ansätze zur Bewertung und Diagnose von Architekturen und Quellcode.

HINWEIS

Sie sollten Vertreter aller genannten Werkzeugkategorien *persönlich* kennen. Idealerweise verfügen Sie über Auswahl- und Vergleichskriterien dieser Werkzeuge, sodass Sie für Ihre Projekte schnell eine angemessene Werkzeugauswahl treffen (oder zumindest vorschlagen) können.

Werkzeugauswahl ohne Praxiserfahrung

Falls Sie Werkzeuge auswählen müssen, zu denen Sie selbst keinerlei Praxiserfahrung vorweisen können, dann sollten Sie das den maßgeblichen Entscheidern erstens mitteilen, zweitens diese Tatsache in jedem Fall dokumentieren. Beim „Entscheider" (Kap. 18) haben wir Ihnen dazu eine passende Mindmap hinterlegt.

Verwandtes Muster

Wie war das mit den Kanonen und den Spatzen? Vorsicht: Viel Werkzeug für wenig System könnte zu viel des Guten (Kap. 7) und übertrieben sein.

Links & Literatur

[1] Fowler, M.: „Continous Integration": *http://martinfowler.com/articles/ continuousIntegration.html*

[2] Tate, B.: „Seven Languages in Seven Weeks – A Pragmatic Guide to Learning Programming Languages", Pragmatic Programmers, 2010.

[3] Redmond, E.; Wilson, J.: „Seven Databases in Seven Weeks", erscheint im April 2012 bei Pragmatic Programmers.

[4] Gamma, E. et al.: „Design Patterns – Elements of Reusable Software", Addison-Wesley 1995. Der Klassiker, ausführlich und ziemlich zeitlos.

[5] Fowler, M.: „Patterns of Enterprise Application Architecture", Addison-Wesley, 2002. Für Praktiker hervorragend.

[6] Eilebrecht, K.; Starke, G.: „Patterns kompakt", Spektrum Akademischer Verlag, 4. Auflage 2013. Eine kompakte Einführung.

[7] Martin, R.: „Clean Code: A Handbook of Agile Software Craftsmanship", Prentice Hall, 2008.

[8] POSA: „Pattern Oriented Software Architecture", Buchreihe vom Wiley-Verlag mit mittlerweile 5 Bänden, u. a. Distributed Systems, Resource Management, Security sowie allgemeinen Architekturmustern.

[9] Xtext Modeling Framework, *http://www.eclipse.org/Xtext/*

[10] Clements, P.; Kazmann, R.; Klein, M.: „Evaluating Software Architectures – Methods and Case Studies", Addison-Wesley, 2001.

> **HINWEIS**
>
> Schauen Sie ab und zu auf der Website der basisdemokratischen Werkzeugbewerter vorbei – mit dem treffenden Namen *http://www.dreckstool. de* – und geben Sie dort unverbindlich Ihre Bewertung ab (bzw. lassen Ihrem Frust freien Lauf).

23 Der edle Ritter

Hohe Werte

Als Softwarearchitekt vertreten Sie die hohen Werte (sprich: die Qualitätsanforderungen) Ihrer Kunden und Auftraggeber gegenüber Eindringlingen, Feinden oder Sparteufeln. Sie setzen gegenüber Projektleitern, Politikern, Buchhaltern und Kurzfristdenkern die langfristig gute, angemessene Lösung durch.

©istockphoto.com/DianaHirsch

Bis an die Zähne bewaffnet mit methodischer, technischer und auch fachlicher „Ausrüstung" begleiten Sie Kunden, Auftraggeber und das Entwicklungsteam durch die oftmals gefährliche Reise durch die raue Wirklichkeit. Dort lauern Gefahren in allen Ecken.

Gemeine Querulanten verüben hinterlistige Angriffe auf das Team und Ihre kostbare Lösung. Heimlich eingeschleust verbreitet sich schlechter Quellcode wie eine Seuche, die Ihre Entwickler verblendet.

Leid ertragen

Vom Himmel regnet es unzureichende Anforderungen, die die Sinne Ihrer Kunden vernebeln und sie nach goldenen Wasserhähnen rufen lassen. Eilet herbei, edler Ritter: Kämpfet mit Wort, Schild und eurer gesamten „Ausrüstung" gegen die Stimmen der unsichtbaren Sirenen, die solch schlimme Dinge vom Team fordern!

Sie sollten Anforderungen hinsichtlich der notwendigen Aufwände, Komplexität und Risiken der Lösung (d. h. Architektur und Implementierung) bewerten. Unangemessen teure oder riskante Anforderungen sollten Sie ritterlich bekämpfen.

Weiterhin müssen Sie die Umsetzung der Lösungsideen kontinuierlich begleiten. Falls Sie dabei in Code oder Konzepten Abweichungen von Ihren ritterlichen Idealen finden, sollten Sie auch diese ausmerzen.

Schließlich sorgen Sie dafür, notfalls unter Leid und Schmerz, dass Sie angemessene, korrekte und verständliche Dokumentation zu Ihrer Architektur bekommen. Als Ritter möchten Sie doch am Lagerfeuer immer die strikte Wahrheit verkünden und sich dabei nicht nur auf Ihr vom Projektstress geplagtes Hirn verlassen müssen.

> **HINWEIS**
>
> Mit methodischem Vorgehen sollte die Erstellung und Pflege Ihrer Dokumentation keine Schmerzen mehr verursachen.
> Sie finden in diesem Buch eine Reihe von Tipps zu effektiver, angemessener Dokumentation und Kommunikation – siehe Kapitel 3, 16, 20, 30, 31 und 32.

Ritterliche Tugenden

Zu den ritterlichen Tugenden gehören laut [1] die folgenden – wir haben uns angemaßt, unsere softwarebezogenen Interpretationen zu ergänzen:

Ritterliche Tugend	Moderne Interpretation
Beständigkeit, Verlässlichkeit	Die Beständigkeit beeinflusst alle anderen Tugenden und bedeutet Berechenbarkeit in den Handlungen (Konsistenz) sowie Vertragstreue. Sie stehen zu Ihrem Wort (das Sie sicherlich irgendwo niedergeschrieben haben – Stichwort: Dokumentation). Ihre Auftraggeber können sich bereits von Beginn der Arbeit (sozusagen von Tag Null) an bis hin zur Produktionseinführung auf Sie verlassen.
Ehre	Der Ritter vermeidet es, unehrenhafte Dinge zu tun – beispielsweise schlechte Qualität von Ergebnissen zu liefern. Sie halten sich an die gemeinsame *Definition-of-Done* und versprechen nichts, was Sie und das Team nicht realistisch einhalten können. Ihre Ehre gegenüber Kunden, Auftraggebern und dem Team müssen Sie durch Leistung und Kompetenz verdienen.
Höflichkeit	Fähigkeit, mit allen beteiligten Stakeholdern eine sachgerechte Kommunikation aufzubauen. Setzen Sie *Macht* mit Vorsicht ein.
Lebensfreude	Positive Grundeinstellung: „Wir schaffen das schon!" ohne übertriebene „Yes, we can"-Mentalität.
Maßhaltung, Mäßigung der Leidenschaften	Selbst wenn Sie aus Leidenschaft das System am liebsten in einer *coolen* Technologie bauen möchten – Sie zügeln Ihren inneren *Geek* und arbeiten risikobewusst!
Treue, Loyalität	Die Anforderungen Ihrer Auftraggeber an das System zählen für Sie mehr als Ihre eigenen Wünsche und Vorstellungen. Als Softwarearchitekt arbeiten Sie ganz im Sinne Ihrer Kunden und Auftraggeber – weisen bei Bedarf natürlich auf Gefahren und Probleme hin.
Arbeitsamkeit, Fleiß	Sie machen sich die Hände (gerne!) an technischen Details schmutzig, etwa Referenzimplementierungen oder Unit Tests.
Dienstbereitschaft	Wenden Sie sich gegen Unrecht, das von anderen Stakeholdern verübt wird.

Verwandtes Muster

Maßhaltung gehört zu Ihren ritterlichen Tugenden. Sie sollten *Angemessenheit* beurteilen und zu viel des Guten (Kap. 7) vermeiden können.

Links & Literatur

[1] *http://www.larpwiki.de/cgi-bin/wiki.pl?RitterlicheTugenden*. Eine von vielen Websites, die sich mit dem Rittertum und seiner Erläuterung befassen.

24 **Der Schmökerer**

Glückwunsch, Sie haben es bis hierhin geschafft, also scheinen Sie recht gerne zu lesen. Gerne möchten wir Ihnen noch ein paar weitere Tipps für nützliche, unterhaltsame oder coole Softwarearchitektenliteratur geben, in denen hoffentlich keine weiteren derartigen Wortungeheuer vorkommen.

Ursprünglich hieß dieses Kapitel einmal „Literaturliste" – aber diese Überschrift erschien uns zu riskant – dann hätten wir Sie als Leser nämlich möglicherweise verloren (wer liest schon eine Literaturliste?)

Wir präsentieren Ihnen unsere Tipps entsprechend den Kategorien AAB, FMASFAU, MWNAG, EPAHL und SCHAMLEW– die Sie sicherlich schon kennen.

©istockphoto.com/Viorika

AAB

Architektonische Allgemeinbildung. Hilfreich, um Ihre technischen Fähigkeiten abzurunden.

- Reynolds, G.: „Presentation Zen. Simple Ideas on Presentation Design and Delivery", New Riders Press, 2008. Ein Kultbuch über die Kunst toller Präsentationen. Als Softwarearchitekt kommen Sie öfter in die

Verlegenheit, einer Gruppe kritischer Stakeholder wichtige Entscheidungen, Strategien oder Sonstiges darzustellen. Mit Reynolds' Tipps im Hinterkopf (und in Ihrer Präsentation eingearbeitet) kann kaum noch etwas schief gehen.

- Rechenberg, P.: „Technisches Schreiben", Hanser-Verlag, 3. Auflage 2006. Alleine das Kapitel über „Einfachheit" verdient es, von jedem schreibenden Menschen gründlich gelesen und beachtet zu werden.

- Roam, D.: „The Back of the Napkin. Solving Problems and selling Ideas with Pictures". Zeigt ihnen anhand vieler grafischer Beispiele, wie Sie buchstäblich auf der Rückseite einer Serviette Ihre Ideen anschaulich und überzeugend „rüberbringen" können. Zum Immermal-wieder-Anschauen.

- Tumuscheit, K. D.: „Erste-Hilfe-Koffer für Projekte: 33 Lösungen für die häufigsten Probleme". Sie werden als Softwarearchitekt unter Garantie mit einigen dieser Probleme konfrontiert sein – etwa „Wir kriegen kein Budget" oder „Wir kriegen keine Entscheidung". Klaus Tumuscheit liefert praxisnahe Tipps, mit solchem Unbill fertig zu werden.

- Mc Connell, S.: „Software Estimation: The Black Art Demystified", Microsoft Press, 2006. Übersichtliche Darstellung, von der Sie auch einzelne Teile lesen können.

- DeMarco, T.: „Bärentango", „Der Termin", „Wien wartet auf Dich". Drei Klassiker zu den Themen Risikomanagement, Projektmanagement und dem Faktor „Mensch" im IT-Management. Wer diese Bücher kennt, versteht IT-Projekte besser!

- Fowler, M.: „Patterns for Enterprise Application Architectures". Addison-Wesley, 2002. Die pragmatischste Darstellung von Musterlösungen für Informationssysteme. Fowler mischt grundlegende Konzepte und praktische Tipps mit einer kleinen Portion Sourcecode zu einer besonders hilfreichen Lektüre.

- Coplien, J.; Harrison, N.: „Organizational Patterns of Agile Software Development", Prentice-Hall 2004. Lauter Erfahrungen aus realen Projekten – leicht verdaulich in über 90 kleinen Portionen in konsistenter Form dargestellt.

- Spolsky, J.: „Joel on Software", Apress 2004. Ein Praktiker, der begnadet schreiben kann. Gesammelte Beiträge seines erfolgreichen Blogs. Immer mal wieder reinschauen.

FMASFAU

Für manche Architekturen super, für andere unbrauchbar – je nachdem, an welchem System Sie gerade arbeiten.

- Hohpe, G.: „Enterprise Integration Patterns", Addison-Wesley, 2003. Bitte lesen Sie dieses Buch, bevor Sie zwei oder mehr Systeme (asynchron) miteinander verbinden. Bahnbrechend – und immer noch aktuell!

- Evans, E. J.: „Domain-Driven Design" sowie Nilsson, J.: „Applying Domain-Driven Design and Patterns". Tipp: Vom eher theoretisch-methodischen Evans nur die ersten hundert Seiten lesen, danach auf das sehr praxis- und codenahe Nilsson-Buch wechseln.

- Bloch, J.: „Effective Java", Addison-Wesley, 2. Auflage 2008. 78 Tipps für besseren Java-Code.

- Buschmann, F. et Al.: „POSA-4, A Pattern Language for Distributed Computing", Wiley, 2007. Ein umfassender Einstieg in Muster für verteilte Systeme und Client-Server Computing.

- Schumacher, M. et Al.: „Security Patterns", Wiley, 2006. Ein gute Sammlung von Mustern zum Thema Sicherheit. Lesen Sie ergänzend „Secrets and Lies – Digital Security in a Networked World" von Bruce Schneier (Hungry Minds 2004), um etwas über Angriffe und Sicherheit im Allgemeinen zu lesen.

- Tilkov, S.: „REST und HTTP: Einsatz der Architektur des Web für Integrationsszenarien", dpunkt.verlag, 2. Auflage 2011. Webbasierte Systeme greifen immer mehr um sich – und Stefan zeigt auf, wie wir deren grundlegende Architektur vorteilhaft nutzen können. Ergänzend dazu Stavas Parastatidis und Jim Webber: „REST in practice", O'Reilly 2010. Erstaunlich, was man mit einer Handvoll HTTP-Verben so alles anstellen kann...

- Rechtin, E.; Maier, M.: „The Art of System Architecting", CRC Press, 1997. Ein Blick über den Tellerrand von Software – ein Klassiker über Hardware/Softwaresysteme.

- Nygard, M.: „Release! Design and Deploy Production-ready Software". Pragmatic Programmers, 2007. Lesen Sie Nygard, bevor Sie Software in produktiven Betrieb übergeben oder große Benutzerzahlen auf Ihre Systeme loslassen. Ernüchternd und erschreckend zu lesen, was alles schiefgehen kann.

- Edlich, S. et Al.: „N*SQL – Einstieg in die Welt nichtrelationaler Datenbanken", Carl Hanser Verlag, 2. Auflage 2011. Ein breiter Überblick, wie im Webzeitalter Datenspeicherung funktionieren kann – inklusive einiger konzeptioneller Grundlagen.

MWNAG

Möglicherweise wenig nützlich, aber geeky. Techniklastige Literatur jenseits des Mainstreams, falls Sie sich tagsüber mal wieder zu lange mit Projektplänen, langweiligen Meetings oder Tabellenkalkulation ärgern mussten.

- Tage, B.: „Seven Languages in Seven Weeks", Pragmatic Programmers, 2010. Falls Sie in ganz andere Paradigmen reinschnuppern möchten und Haskell, Prolog, Erlang oder IO schon immer mal kennen lernen wollten.

- Seibel, P.: „Practical Common Lisp", Apress, 2005. Spannende Lektüre – sofern Sie keine Angst vor Klammern und der Kommandozeile haben. Bis Clojure auf den Markt kam, mein (GS-) Lieblings-Programmierbuch.

- König, D.: „GINA: Groovy in Action", Manning, 2011. Ob Sie nun Java-basierte Skriptsprachen mögen oder nicht – der Schreibstil (und die vielen coolen Möglichkeiten von Groovy) machen das Lesen zur Freude.

- Armstrong, J.: „Programming Erlang", Pragmatic Programmers, 2007. Erlang ist alt – und für parallele Verarbeitung sehr vieler Prozesse[1] entworfen. Was früher fast nur zur Treiberprogrammierung für die Backend-Systeme von Telefonnetzen diente, gewinnt heute im Zeitalter hochgradig skalierbarer Webanwendungen neue Bedeutung. Vorsicht – Erlang-Experten nennen immer noch Emacs als die beste Entwicklungsumgebung. Armstrong ist Technikguru und begnadeter Autor zugleich.

- Hilegass, A.: „Cocoa Programming for Mac OS X", Addison-Wesley, 2008. Bekanntlich funktioniert unter Mac OS vieles anders – und Aaron erklärt, wie Sie es programmieren können.

- Odersky, M. et al: „Programming in Scala: A Comprehensive Step-by-step Guide", Artima, 2008. Ein großartiges Buch über Programmieren in einer tollen Sprache.

- Olson, R.: „Eloquent Ruby", Addison-Wesley 2011. Damit Ruby-Code auch nach solchem aussieht.

- Crockford, D.: „JavaScript – The Good Parts", O'Reilly, 2008. Erklärt die prototypbasierte Vererbung für diejenigen unter uns, die bisher nur die klassenbasierte kannten.

- Erickson, J.: „Hacking – The Art of Exploitation", No Starch Press, 2008. Um es richtig zu verstehen, sollten Sie mehr als nur Grundkenntnisse in C mitbringen – aber auch für „Normalbürger" stellt Erickson typische Angriffe interessant vor. Das letzte Drittel bleibt Insidern vorbehalten.

EPAHL

Etwas philosophisch, aber höchst lesenswert

- Winograd, T.: „Bringing Design to Software", Addison-Wesley, 1996. Winograd versammelte Spezialisten in anderen Designdisziplinen, um deren Einsichten in den Designprozess auf Software zu übertragen.

---

1 Anmerkung Gernot: Auf meinem Notebook braucht meine Erlang-Installation zwischen 2 und 5 Mikrosekunden (!!), um einen Erlang-Prozess zu spawnen... so flott geht's mit keiner anderen Umgebung oder Sprache, die ich kenne ... Jeder dieser Prozesse benötigt lediglich wenige Hundert Bytes, d. h. ein paar Millionen kann ich schon starten...

- Brooks, F. P. Jr.: „The Design of Design – Essays from a Computer Scientist". Der Altmeister zeigt durch viele Interviews mit Designern wie auch durch eigene Erfahrungen, dass mutige Designentscheidungen zu besseren Ergebnissen führen (können).

- Lidwell, W. et al: „Universal Principals of Design" (Revised and Updated), Rockport 2010. Nicht nur wegen der brillanten Aufmachung lesenswert. Lernen Sie mehr als 100 Wege, Benutzbarkeit zu verbessern, attraktiver zu gestalten, bessere Entscheidungen zu treffen, ...

SCHAMLEW

Schamlose Eigenwerbung.

Ok – wir haben es vorher gesagt: Die folgenden Bücher haben wir selbst (mit-)geschrieben. Trotzdem – sie könnten interessant sein:

- DeMarco, T.; Hruschka, P. und die anderen vier Partner der Atlantic Systems Guild: Adrenalin-Junkies und Formular-Zombies: „Typisches Verhalten in Projekten", Carl Hanser Verlag 2007. Über 80 typische Verhaltensmuster – leicht verdaulich, versprochen!

- Hruschka, P.: Business Analysis & Requirements Engineering, Carl Hanser Verlag 2014.

- Starke, G.; Hruschka, P.: „Software-Architektur kompakt", Spektrum Akademischer Verlag, 2. Auflage 2011.

- Starke, G.: „Effektive Software-Architekturen – ein praktischer Leitfaden", 6. Auflage, Carl Hanser Verlag 2014.

HINWEIS

Fachbücher oder Websites können keine Erfahrung vermitteln, Sie aber durchaus auf neue oder andere Ideen bringen. Lesen Sie ein breites Spektrum, verfolgen Sie auf Ihrem Spezialgebiet die Neuerscheinungen.

Die kurze Halbwertszeit von technischem Wissen können Sie durch Fokussierung auf Methodik nur teilweise, aber nicht vollständig kompensieren. Bleiben Sie daher auch technisch *am Ball*, auch wenn Ihre Projekte einmal mehr organisatorisches oder fachliches Wissen erfordern!

---

25 Ändern als Normalfall

Haben Sie sich schon einmal gefragt, warum wir in der IT andauernd unsere Systeme ändern oder anpassen? Die Frage könnte auch lauten: Warum beauftragen die Eigentümer von Software Änderungen, die wir als Entwickler und Architekten dann umsetzen? Dazu gibt es eine Reihe unterschiedlicher Antworten – von denen die meisten mehr mit Geld als mit Technik zu tun haben:

1. **Fehler**: Unsere Software enthält Fehler, die Einsatz oder Benutzung der Software verhindern oder erschweren.

2. **Neue Anforderungen**: Es gibt neue oder geänderte Anforderungen an unsere Software. Dies umfasst sowohl funktionale Erweiterungen (sprich: die Software soll zukünftig neue Aufgaben lösen) wie auch nichtfunktionale Merkmale (landläufig auch Qualitätsmerkmale genannt).

3. Änderungen in **Ablauf-/Betriebsumgebung**: Technische Änderungen an der Infrastruktur (Hardware, Betriebssystem oder irgendwelche Basissoftware) erfordern Änderungen an der Software.

©istockphoto.com/ISerg

4. Änderungen **externer Schnittstellen**: Relevante externe Systeme ändern ihre Schnittstellen – unsere Software ist davon betroffen.

5. Änderungen im **organisatorischen Umfeld**: Neue Anwender, Manager, Sponsoren – ein Spezialfall von Punkt 2 (neue Anforderungen).

6. **Hohe Betriebskosten**: Betrieb und Administration der Software sind zu teuer.

7. **Hohe Änderungs- oder Reparaturkosten**: Bugfixing, Weiterentwicklung, Erweiterung oder Änderung der Software (aus den Gründen 1 bis 6) ist zu teuer.

8. **Intrinsische Motivation** der Entwickler: Die innere Struktur oder der Quellcode der Software entsprechen nicht den Zielvorstellungen der Entwickler.

Bei den ersten sieben Gründen spielen Geld und Zeit eine tragende Rolle. Die Art, wie wir als Entwickler Änderungen umsetzen, wird dabei sehr stark durch finanzielle oder zeitliche Randbedingungen bestimmt (sprich: Wir arbeiten praktisch immer unter Zeitdruck). Lediglich bei intrinsisch motivierten Änderungen könnten Entwickler ohne Blick auf die Uhr Software ändern.

Theoretisch ist Änderung leicht

Wenn ein eingespieltes, sachkundiges und motiviertes Team nach konsistenten, expliziten Anforderungen und unter Nutzung effizienter Technologien ein System domänen- und testgetrieben entwickelt, konzeptionell durchgängig arbeitet und dazu angemessen dokumentiert, dann ist dieses System (zumindest von diesem Team) leicht änderbar. Keine Leichen im Keller, keine unschönen Altlasten, keine störenden Randbedingungen, keine versteckte Komplexität und keine unbeherrschten Risiken – welch eine wunderbare Situation zur Änderung von Software …

In über zwanzig Jahren Berufspraxis haben wir dieses Softwareschlaraffenland leider (extrem) selten angetroffen. Entweder wir sind vom Pech verfolgt oder in der Praxis funktioniert Softwareentwicklung suboptimal

– mit dem Resultat schlecht strukturierter, übermäßig komplexer und unverständlicher Systeme, deren Wartung und Pflege sehr viel Mühe bereitet. Personalwechsel, fehlende oder inkonsistente Dokumentation, kaum Testautomatisierung, mangelnde Modularisierung und Entkopplung, übermäßiger Zeitdruck, ignorierte Komplexität, Vermischung von Technik und Fachlichkeit … Sie kennen das. Viele von uns leiden jeden Tag darunter – von wegen Schlaraffenland und leichte Änderbarkeit. Resignierend bezeichnen wir diese Situation dann als „historisch gewachsen" oder „hysterisch gewachsen".

Änderung als Normalfall

An solchen Systemen (zu denen einige Entwickler despektierlich „Altlasten" sagen, andere „Legacy") arbeiten wir den größten Teil unseres Informatiker-, Entwickler- oder Architektenlebens, unter so verschiedenen Bezeichnungen wie Änderung, Erweiterung, Pflege, Wartung, Evolution oder Sanierung.

Aus den oben genannten Gründen (zumindest den ersten sieben) werden große Teile bestehender Software ständig geändert – und das über viele Jahre hinweg. Unserer Erfahrung in unterschiedlichen Branchen nach bleibt Individualsoftware zwischen fünf und 25 Jahre in Betrieb und wird meistens über so lange Zeit kontinuierlich verändert. Größere Systeme benötigen teilweise mehrere Jahre an „Reifungszeit", bevor sie überhaupt sinnvoll einsetzbar sind. (Joel Spolsky belegt an einigen Beispielen: „Good Software Takes 10 Years." [1] – bei kleinen bis mittleren Systemen geht's sicherlich auch kürzer.)

Daher wagen wir die These, dass für Entwickler und Architekten die Fähigkeit, Software zu ändern, langfristig wichtiger ist als Software komplett neu zu konstruieren und zu bauen.

Wenn wir nur könnten ...

... wie wir wollten, dann würden wir viele Systeme sicherlich anders bauen und für manche für uns wesentliche Aufgaben etwas mehr Zeit und Budget spendieren. Von Anfang an würden wir mehr und bessere Vorkehrungen für die (spätere) Änderbarkeit treffen, wir würden sauber entkoppeln und eine Menge automatischer Tests zur Absicherung von Änderungen schreiben. Typischerweise stehen diesem hehren Ziel jedoch einige klassische Hindernisse im Weg: Die Interessen (und Budgets) unserer Auftraggeber fokussieren auf dem „Jetzt", auf aktuell benötigten Features, auf aktuell vorhandener Technologie. Nur sehr eingeschränkt besteht Investitionsbereitschaft in „zukünftige Änderbarkeit" – und manche „agilen" Prozesse unterstützen zu unserem Entsetzen dieses ausschließliche Kurzfristigkeitsdenken auch noch.

Also – die aus unserer Sicht typische Situation sieht wie folgt aus: Wir müssen eine signifikante Änderung an einem komplexen System vornehmen, dass wir nicht in allen Einzelheiten verstehen. Automatische Testfälle sowie sinnvolle Dokumentation fehlen – wir stochern im Nebel, arbeiten „auf Risiko". Irgendwie schaffen wir immer die geforderte Änderung – mit mehr Aufwand und höherem Risiko als gedacht. Struktur, konzeptionelle Integrität und „Gesamtgesundheit" unseres Systems werden durch solche Änderungen immer schlechter, die Menge an technischen Schulden steigt deutlich an.

Wegwerfen ist keine Option

Obwohl wir als Techniker das sicherlich manchmal gerne tun würden, ist „wegwerfen und neu bauen" fast nie ein gangbarer Weg, denn viel zu viel Investition steckt bereits im bestehenden System. Das darin kodierte Know-how über Branche, Schnittstellen und Technologie lässt sich nur schwer extrahieren – und beim Neubau werden wir garantiert eine Menge (anderer) Fehler machen...

Schon vor fast 15 Jahren hat der großartige Joel Spolsky in [TYSND] sehr eindrücklich vor zu viel Optimismus in dieser Hinsicht gewarnt – sehr empfehlenswerte Lektüre!

Ausbildung fokussiert auf Neuentwicklung

Die in IT-Ausbildung gelehrten Entwurfsprinzipien und -muster, Praktiken guten Softwareengineerings, domänen- und testfokussierte Entwicklung sowie konzeptionelle Integrität von Systemen lassen so manchen Entwickler (zumindest zu Beginn seiner Berufslaufbahn) implizit annehmen, dass jegliche Software auf solch vorbildliche Weise entwickelt, klar durchdacht und implementiert wurde.

Weit gefehlt – denn reale Systeme sind von diesem Idealbild oftmals weit entfernt.

Konsequent stellen die uns bekannten IT-Ausbildungen die Neuentwicklung in den Vordergrund – und lassen uns im Unklaren, wie wir methodisch und technisch unsere „normale" Aufgabe lösen – die Änderung bestehender Systeme unter Zeit- und Kostendruck. Viel häufiger ändern, erweitern oder reparieren wir bestehende Systeme, als dass wir „auf der grünen Wiese", frei von störenden Randbedingungen, neue Software konstruieren und implementieren.

Fazit

Die meisten von uns haben zwar gelernt, Systeme neu zu konstruieren und zu bauen – aber unsere Standardaufgabe „Software ändern" gehen wir oft ziemlich blauäugig an. Vielerlei typische Schwierigkeiten stehen der (kosten-)effektiven Weiterentwicklung im Wege:

- Bestehende Daten oder Datenstrukturen und deren Semantik
- Subsysteme oder Komponenten, an deren Änderung oder Anpassung sich aus Kosten-, Risiko- oder politischen Gründen niemand heranwagt
- Bestehende externe Schnittstellen, deren technische Details nicht in unserer Verantwortung liegen
- Technologien, Produkte oder Frameworks, die gravierenden Einfluss auf unsere Software besitzen (und die aus so genanntem Investitions-

schutz niemals in Frage gestellt werden dürfen – obwohl es aus rein technischer Sicht erheblich geschicktere oder günstigere Lösungen gäbe)

Investieren Sie bei Ihrer persönlichen Aus- und Weiterbildung in Ihre Fähigkeiten, bestehende Software zu verbessern. Ihre persönliche Bilanz an technischen Schulden sollte grundsätzlich positiv ausfallen – d. h. Ihre Systeme sind nach Änderungen besser, aufgeräumter oder risikoärmer als vor Änderungen. In diesem Sinne – happy changing.

Verwandte Muster

- Änderungen und Perfektionisten (Kap. 13) passen schlecht zusammen, da es für Perfektion meistens kein Budget gibt.

- Fahnder (Kap. 26), Kammerjäger (Kap. 29) und Saubermann (Kap. 27) sind großartige Ansätze für systematische Änderungen.

- Schmutzfinken (Kap. 28) sind natürliche Feinde von Änderungen, allerdings auch aller anderen positiv gesonnenen Rollen in der IT.

Links & Literatur

[1]   Joel Spolsky: „Good Software Takes 10 Years. Get Used To It.": *http://goo.gl/Pm6aMO*

[2]   Joel Spolsky: „Things You Should Never Do, Part-I": *http://goo.gl/ CD7Qq5*

26 Der Fahnder

Der Architekt als Fahnder sucht nach Softwareverbrechen, Codesünden oder risikoträchtigen Teilen der Software.

Suche mehr als nur Motiv und Gelegenheit

Bei klassischen Delikten haben Fahnder es meistens mit der Einzahl zu tun: Ein Täter, ein einziges Verbrechen. Nehmen wir als Beispiel die mutwillig zerschlagene Fensterscheibe: Ein Täter, ein Tatwerkzeug, ein beschädigtes Fenster [1]. Bei Software verursachen meistens viele Täter jeweils nur Teile des Gesamtschadens. An einer einzigen Sache werden sozusagen beliebig viele Verbrechen unterschiedlicher Arten begangen. Etwa so, als würde unser Steinewerfer auch noch falsch parken, das Haus mit Graffiti beschmieren und die Haustüre mit Sekundenkleber an ihrem Rahmen fixieren.

Statt also klassisch nur nach Motiv und Gelegenheit zu suchen, müssen wir als IT-Fahnder zuerst einmal die begangenen Verbrechen untersuchen:

©istockphoto.com/OneO2

- **Qualitative** Sünden: Wo werden welche Qualitätsanforderungen verletzt?

- **Funktionale** Sünden: Wo verhält sich ein System fehlerhaft, stellt nicht die notwendige Funktionalität bereit oder arbeitet falsch?

- **Kostensünden**: Wo wird Geld verschwendet – durch überteuerten Betrieb oder aufwändige Wartung/Erweiterung?

- **Codesünden**: Wo steckt unverständlicher, schlechter Code?

- **Architektursünden**: Welche Entscheidungen, Frameworks, Technologien, Schnittstellen oder Strukturen erscheinen mangelhaft?

- Prozesssünden: Wo behindern starre oder aufgeblähte Prozesse die effektive Arbeit am System? Welche notwendigen Aufgaben werden vernachlässigt?

- **Managementsünden**: Wo fehlt es an notwendiger Unterstützung?

Wir haben schon Systeme erlebt (ähm – erlitten), an denen sämtliche dieser Sünden und Vergehen in wechselnden Mengenverhältnissen begangen wurden. Übrigens haben wir auch (aber nur sehr wenige) Systeme erlebt, an denen keine relevanten Verbrechen verübt wurden.

Finden Sie die begangenen Softwareverbrechen eines Systems (in IT-Speak: Probleme, Risiken und technische Schulden) durch zwei verschiedene Ansätze: Einerseits durch Vernehmung von Opfern und relevanten Zeugen, andererseits über Spurensicherung am echten System.

Opfer und Zeugen vernehmen

Den Tatort, oder besser den „Gegenstand der Verbrechen", inspizieren Sie am besten aus unterschiedlichen Perspektiven. Zuerst sollten Sie sich live ein Bild von seinem Zustand machen – am besten haben Sie vorher aus Berichten der Beteiligten den ursprünglichen Zweck des Systems verstanden.

Jetzt sind Sie gut gerüstet für die Vernehmung der ersten Opfer und Zeugen: Befragen Sie Anwender, Betreiber und Auftraggeber. Führen Sie Interviews mit Entwicklern und Testern des Systems bzw. direkter Nachbarsysteme. Fragen Sie nach deren Einschätzung der „schlimmsten Sünden", ob Technologie und Organisation überhaupt zu den Anforderungen passen.

> **HINWEIS**
> Konzentrieren Sie sich bei der Fahndung auf die Suche nach Problemen,
> aber sammeln Sie auch positive Aspekte.

Falls Ihre Interviewpartner schon Lösungsansätze vorschlagen, nehmen
Sie diese unkommentiert zur Kenntnis – aber verlieren Sie sich jetzt nicht
in Lösungsdiskussionen. Es geht um eine Bestandsaufnahme bekann-
ter Schäden, Schwachstellen und Stärken des Systems, nicht um Tatver-
dächtige. Wir wollen ein möglichst umfassendes Bild von relevanten
Stakeholdern, bevor wir später zu Abhilfe oder Therapie kommen.

Spurensicherung

Mit den gezielten Hinweisen der betroffenen Stakeholder sind Sie bes-
tens gewappnet für die Spurensuche am System selbst. Wir empfehlen
Ihnen dringend, auch hier unterschiedliche Fahndungsansätze zu verfolgen:

Zuerst untersuchen Sie die qualitativen Sünden: Die pragmatische Anwendung der erprobten ATAM-Methode (siehe [2]) hilft Ihnen, die ge-
forderten und real vorhandenen Qualitätseigenschaften des Systems
sehr feingranular zu untersuchen. Besonders mögen wir an der Methode, dass sie ohne besondere Werkzeuge auf praktisch alle Arten von Systemen anwendbar ist. Sie lernen daraus viel über die Architektur des
Systems. Als Nebeneffekt hilft sie, die Qualitätsanforderungen an Systeme sehr präzise zu formulieren. Wesentliche Voraussetzung für ATAM
ist allerdings, dass Sie Architekten oder technische Experten des betroffenen Systems beteiligen können.

Zusätzlich zur qualitativen Betrachtung sollten Sie nun einen intensiven
Blick auf den Quellcode werfen: Untersuchen Sie Kopplung, Kohäsion
und Komplexität, finden Sie Ausreißer nach oben und unten. Korrelieren
Sie die Ergebnisse unbedingt mit organisatorischen Metriken, beispielsweise Wartungs- oder Änderungsaufwänden, der Anzahl gefundener

Fehler pro Komponente oder Subsystem oder der Anzahl vorhandener Know-how-Träger pro Komponente.

Durch diese Untersuchung finden Sie kritischen oder riskanten Code.

Follow the Money

Krimiautoren erklären ihren Lesern oftmals, dass die Fahnder und Kommissare „der Spur des Geldes folgen sollen". Diesen Aspekt der Fahndung sollten Sie auf jeden Fall berücksichtigen: Stellen Sie fest, in welchen Bereichen von Konzeption, Entwicklung, Test und Betrieb für das System welche Kosten entstehen – und wodurch. Vergleichen Sie dies auch mit dem durch das System erzeugten (finanziellen) Nutzen.

Am besten vergleichen Sie diese Ergebnisse mit anderen Systemen oder Projekten („Benchmarking"), sofern Sie diese Möglichkeit besitzen.

Fahnden Sie regelmäßig

HINWEIS

Falls Sie auch nur im Entferntesten mit Änderungen, Erweiterung, Sanierung oder Evolution bestehender Software zu tun haben, sollte die Fahndung nach „Softwareverbrechen" (landläufig: Bewertung, Audits) zu Ihren regulären Tätigkeiten gehören.

Lassen Sie sich nicht von Gangstern einschüchtern – die meisten begehen in der IT-Branche ihre Sünden ja zum Glück unblutig.

Aus den Fahndungsergebnissen können Sie effektive Handlungsempfehlungen ableiten und damit konstruktiv für zielgerichtete Verbesserung sorgen.

Spuren verfolgen

Sie haben als Fahnder nun unter Umständen eine Menge von Architektur- oder Codesünden, technischen Schulden, Risiken und ähnlichen

Missetaten in bestehenden Systemen aufgespürt. Wie sollten Sie als Fahnder mit den Ergebnissen dieser Suche weiter verfahren?

Kennen Sie die Situation: Eine Ihnen bekannte Familie hat gemeinsam einen Urlaub in der Ferne verbracht. Nach ihrer Rückkehr fragen Sie Frau, Mann und Kinder getrennt nach ihren jeweiligen Eindrücken. Die jeweiligen Beschreibungen fallen total unterschiedlich aus, sodass Sie fast glauben könnten, die Befragten wären in Wirklichkeit an völlig verschiedenen Orten gewesen …

Subjektive Wahrnehmung lässt die aus der Sicht einer einzelnen Person relevanten Eindrücke in den Vordergrund treten: Was einem Menschen als positive Eigenschaft besonders auffällt, bemerkt ein anderer erst gar nicht [3]. Die Windsurferin wird den starken Wind ausführlich loben, ihr sonnenanbetender Partner sich über die ständige Brise beschweren (Ähnlichkeit zu mit den Autoren verwandten Personen ist beabsichtigt).

Lassen Sie uns zunächst einmal zusammenfassen, was wir als Ergebnisse einer Fahndung nach Softwaresünden erwarten.

Fahndungsziel: Maßnahmenkatalog

Entgegen der kriminalistischen Fahndung geht es uns bei den Softwaresünden primär um Möglichkeiten, die gefundenen Probleme und Risiken möglichst einfach, kostengünstig und nachhaltig zu beseitigen: Wir möchten priorisierte und in Geld/Aufwandseinheiten bewertete Maßnahmen erarbeiten, mit denen sich die betreffende Software systematisch verbessern lässt.

Die oben beschriebenen Sünden (Architektur-, Code-, Prozess-, Management- und andere Sünden) dienen lediglich als Ausgangspunkt, solche konstruktiven Maßnahmen zu definieren.

Nur in Ausnahmefällen möchten wir „Schuldige" oder „Täter" als solche identifizieren (um ihnen hoffentlich helfen zu können, aus ihren Fehlern zu lernen).

Bevor wir uns um Abhilfemaßnahmen kümmern können, müssen wir allerdings unsere gefundenen Spuren und Hinweise gründlich überprüfen, an ihnen rütteln und die Spreu vom Weizen trennen.

Sachdienliche Hinweise und Ablenkungsmanöver

Sie haben als Softwarefahnder unterschiedliche Aussagen und Spuren erhalten. Einige davon werden identische Sachverhalte betreffen („alle Befragten beschwerten sich über den zu langsamen CI-Server"), andere werden sich widersprechen (Zeuge A antwortet auf eine Frage mit Ja, Zeuge B auf dieselbe Frage mit Nein).

Manche Ihrer Zeugen lenken – bewusst oder unbewusst – die Aufmerksamkeit von eigenen Schwachstellen oder Fehlern ab: Kritische Probleme oder Risiken bezeichnen sie als Lappalien, bauschen aber Mücken zu Elefanten auf.

Eine Ihrer Aufgaben als gründlicher Fahnder besteht darin, solche *reality distortions* zu entlarven: Prüfen Sie Alibis, verifizieren Sie Zeugenaussagen durch gezielte Prüfungen des betroffenen Quellcodes oder anderer objektiver Informationsquellen.

System und Organisation

Softwaresysteme werden von Organisationen (Teams, Gruppen, Abteilungen) entwickelt und betreut. Während der Fahndung nach Softwaresünden vermischen Zeugen oftmals diese beiden Aspekte – und werden Ihnen sowohl organisatorische wie auch systemspezifische Probleme nennen.

Sie sollten das in Interviews durchaus zulassen, in Ihrer Nachbereitung allerdings säuberlich differenzieren. Organisatorische Probleme sollten Sie durch gezielte Fragen bei anderen Beteiligten verifizieren.

Manchmal bilden organisatorische Probleme die Ursache für vielfältige technische Schwierigkeiten: Wir haben beispielsweise erlebt, dass sich Organisationen nicht auf einheitliche Anforderungen und Randbedingungen für Systeme einigen konnten. Daher haben Teams dort an ein- und demselben System mit unterschiedlichen Vorgaben entwickelt – was langfristig natürlich zu gravierenden technischen Problemen führte.

Symptome auf Ursachen zurückführen

Versuchen Sie grundsätzlich, Symptome und Ursachen zu differenzieren. Anstatt dem Patienten immer weiter Schmerzmittel zu geben, sollten Sie besser die Dornen aus der Haut entfernen oder die schmerzhafte Entzündung kurieren.

Wir haben häufig eine fast manische Konzentration auf Symptome erlebt: Da werden Build- und CI-Server mit abstrusen Mengen an RAM versorgt, um den Build um einige Millisekunden zu beschleunigen – statt Hunderte unnötiger Abhängigkeiten und überflüssiger Altlasten durch gezieltes Refactoring zu beseitigen (was den Build von Minuten auf Sekunden beschleunigt hätte).

Leider ist diese Ursachenforschung oft aufwändig und die Konzentration auf Symptome erfüllt das managementinhärente Bedürfnis nach „Wir wollen Taten sehen" (aka Aktionismus) – aber das ist eine andere Geschichte.

Probleme verursachen Kosten

Wir haben Ihnen bei der Fahndung empfohlen „dem Geld zu folgen" – und möchten den finanziellen Aspekt von Softwaresünden erneut aufgreifen.

> **HINWEIS**
>
> Wenn ein Problem (eine technische Schuld, eine Softwaresünde) keine benennbaren Kosten verursacht, ist es kein Problem – zumindest aus Sicht von Budgetverantwortlichen.

Wir möchten verhindern, dass Sie aus rein akademischen Gründen, zum Selbstzweck oder der reinen Schönheit des Quellcodes zuliebe Änderungsmaßnahmen ergreifen. Jegliche Verbesserungs- oder Veränderungsmaßnahme kostet Geld / Aufwand und birgt gewisse Risiken – und diese Investition muss sich aus unserer Sicht auch finanziell lohnen. Klären Sie daher, welche Kosten durch die von Ihnen erkannten Probleme entstehen!

Negative Erfahrung hat uns gelehrt, dass manche „Zeugen" oder betroffene Stakeholder sehr intensiv Probleme schildern, die nur sehr geringe Kosten nach sich ziehen (d. h. aus Gesamt- oder Managementsicht überhaupt keine relevanten Probleme darstellen!).

Abhilfemaßnahmen definieren

Als Krönung Ihrer Fahndung schlagen Sie Maßnahmen vor, mit denen die erkannten Probleme, Sünden und Schulden behoben oder zumindest verbessert werden können. Dabei ist sowohl Ihr technischer Sachverstand wie auch Ihre Kreativität gefragt: Das vorhandene Team besteht ja in der Regel aus klugen Menschen, die das Problem alleine nicht haben lösen können. Darum müssen Sie jetzt über den Tellerrand des „Normalen" hinaus denken können.

Außerdem empfehlen wir Ihnen, Ihre Maßnahmen grundsätzlich durch folgende Zusatzinformationen zu fundieren:

- Welche **Kosten/Aufwände** verursacht das Problem, das die jeweilige Maßnahme adressiert?

- Welche **Kosten/Aufwände** verursacht die Maßnahme, also die Behebung?

- Aus welchen **Detailaufgaben** besteht die Maßnahme? Wer oder welche Systemteile sind betroffen?

- Welche **Risiken** birgt diese Maßnahme? Welche möglichen Konsequenzen drohen? (Beispiel: Sie steigern durch eine Maßnahme die Sicherheit des Systems auf Kosten der Benutzerfreundlichkeit.)

- Welche **Stakeholder** und **Ressourcen** benötigen Sie zur Umsetzung der Maßnahme?

Oops – das ist eine schwierige Aufgabe: Die Maßnahmenvorschläge an sich werden Sie nach unserer Erfahrung recht schnell identifizieren können – aber deren Bewertung in Geld/Zeiteinheiten ist meist schwieriger. Ohne letzteres wird jedoch kaum ein Manager Ihnen die Umsetzung von Maßnahmen erlauben.

Maßnahmen priorisieren

Hinterfragen und priorisieren Sie gefundene Probleme und Abhilfemaßnahmen. Trennen Sie rein subjektive von objektiven („nachprüfbaren") Problemen und fokussieren Sie (sich) auf diejenigen, die relevante Systemziele („Qualitätsanforderungen") verletzten oder gefährden.

Organisatorische Probleme müssen Sie mit anderen Maßnahmen adressieren als rein technische Systemprobleme – aber: Auch Entwicklungs- oder Managementprozesse können Sie durch gezieltes Refactoring verbessern.

Wenn Sie Maßnahmen zur Verbesserung gefunden haben, dann bewerten Sie diese hinsichtlich ihres jeweiligen Nutzens und ihrer Kosten in Geld/Aufwandseinheiten – nur damit können Sie gegenüber Management und Budgetverantwortlichen nachhaltig argumentieren.

Was geschieht mit den Fahndungsergebnissen?

Sie haben als Softwarefahnder unter Umständen eine Menge an Indizien aufgespürt, Aussagen erhalten und Beweise aufgesammelt. Im Fernsehkrimi bringen Sie alles zurück ins Kommissariat zu der großen Wandtafel. Dort heften Sie diese Fakten einfach an und bringen sie grafisch mit Strichen in Verbindung (in der Hoffnung, dass die SOKO dann anhand dieses Überblicks weitere Schritte und Maßnahmen beschließen kann, die zur Aufklärung des Verbrechens führen).

Während Sie als Fahnder noch nach Ursachen und Zusammenhängen suchen, können Sie für erkannte Softwaresünden so ein semantisches Netz bzw. eine Concept Map aufbauen, wofür es einige (teils kostenfreie) Tools gibt. Ordnen Sie identifizierte Risikobereiche, anfällige Codeteile, Bausteine mit zu harten Abhängigkeiten im Überblick an und diskutieren Sie daran die dringendsten Maßnahmen.

Langfristig besser: Der Standardarchitekturschrank – lose gefüllt

Nach erfolgreicher Klärung eines Falles bleibt auch den Fahndern im Krimi nichts erspart: Sie müssen einen sauberen Abschlussbericht vorlegen, damit sie selber, aber auch Kollegen aus anderen Kommissariaten, geordnet darauf zugreifen können. Das macht meistens weniger Spaß als

©istockphoto.com/mevans

die eigentliche Fahndungsarbeit, gehört bei nachhaltig angelegter Entwicklungsarbeit aber dazu. Auch für Softwarefahnder. Im Grunde ist das einfach und schmerzfrei:

Stellen Sie sich einmal kurz vor, Sie müssten nicht a uf der grünen Wiese mit der Dokumentation Ihrer Architektur beginnen, sondern Sie hätten eine halbwegs ordentliche Dokumentation des zu modifizierenden Systems. Dann könnten Sie alle Erkenntnisse über Risiken und Schwachstellen natürlich als Annotationen an die richtige Stelle dieser Doku anhängen.

In der Projektrealität ist eine solche Doku über Altsysteme jedoch (noch) relativ selten. Trotzdem hilft uns diese Vorstellung einer idealen Doku weiter.

Wir haben Ihnen in einigen Kapitel dieses Buches (z. B. in Kap. 4 „Strukturierte Faulheit", Kap. 20 „Die Kommunikatorin), aber auch in anderen unserer Bücher [4] schon mehrfach vorgeschlagen, Ihre Architektur-Doku (relativ schmerzfrei) projektübergreifend zu standardisieren.

Für die Evolution von Softwaresystemen schlagen wir vor, dass Sie von dieser Doku-Struktur zunächst nur das Gliederungsschema übernehmen. Sozusagen einen leeren Schrank mit vielen (noch freien) Fächern.

Die Delta-Dokumentation

Der (leere) Schrank hat bereits die Fächer für die Informationen vorbereitet, über die Sie für Ihre Architektur verfügen sollten. Es gibt ein Fach für Qualitätsziele, ein Fach für die Softwarebausteine und deren Zusammenspiel, ein Fach für die Infrastruktur, auf der die Bausteine laufen, ein Fach für Laufzeitszenarien usw.

Greifen wir beispielhaft eine Erkenntnis des Fahnders heraus. Er hat festgestellt, dass die Performanz eines Geschäftsprozesses viel zu wünschen übrig lässt. Also skizziert er ein Laufzeitszenario, das das Zusammenspiel der beteiligten Bausteine zeigt, und markiert rot die Bausteine, die für die schlechte Performanz hauptverantwortlich sind. Genau die – und nicht alle anderen – kann man jetzt genauer unter die Lupe nehmen und Tuning-Maßnahmen durchführen. Das Ergebnis landet im dafür vorgesehenen Fach im Schrank. Ein Fach ist nun bereits teilweise gefüllt.

Vielleicht haben Ihre Tatorterkenntnisse ergeben, dass das System unter dem „Copy-Paste-Loose"-Effekt leidet. Sie haben – historisch bedingt – fünf Subsysteme, die ähnliche Funktionalität erfüllen, aber nicht mit einer geeigneten Abstraktion programmiert sind, sondern einfach durch Kopieren und Ändern – was die Wartbarkeit wesentlich aufwändiger macht. Nehmen Sie sich diesen Ausschnitt des Designs zur Brust und führen Sie geeignetes Refactoring durch. Die resultierenden, geänderten Bausteine stehen ab sofort im richtigen Fach des Schranks bereit.

Wenn der Fahnder festgestellt hat, dass eine Schnittstelle den neuen Anforderungen nicht mehr gewachsen ist (zu wenig Flexibilität, fehlende Ausnahmebehandlung, ein zu komplexes Protokoll ...), dann konzentrieren Sie sich bei der Nachdokumentation nur auf die Bausteine, die an der Schnittstelle beteiligt sind.

Delta-Dokumentation heißt, punktuell neu zu designen oder anzupassen, statt systematisch die wesentlichen Strukturen Ihrer Software aufzuzeigen, aber diese punktuellen Erkenntnisse strukturiert im richtigen Schrankfach aufzubewahren. Sollte an diesem Teil der Software wieder etwas unangenehm auffallen, dann können Sie sich zukünftig das Sourcecode-Reengineering sparen und sich auf korrekte (Teil-)Dokumentation verlassen.

Delta-Dokumentation braucht etwas Geduld. Wenn Sie zehn Prozent eines Systems anpacken, dann müssen Sie ohnehin zirka zwanzig Prozent davon verstehen (das Umfeld Ihrer Problemstellen). Wenigstens die 20 Prozent können Sie anständig dokumentieren. Die anderen 80 Prozent der Architektur sind dann nicht besser und nicht schlechter an vorher. Aber nach 4 oder 5 Iterationen ...

Fazit

Sparen Sie beim Festhalten der Ergebnisse, seien Sie ruhig „strukturiert faul". Eine angemessene Dokumentation der Architektur ist nur ein Nebenziel bei der Evolution von Systemen. Ein „Standard-Architektur-Dokuschrank" hilft, Fakten genau dort vorzufinden, wo man sie vermutet. Akzeptieren Sie, dass große Teile des Schranks lange Zeit (oder immer) leer bleiben. Je länger Sie an dem System weiterarbeiten (ändern, ergänzen, erneuern ...) desto hilfreicher (und wertvoller) wird Ihre Dokumentation werden.

Verwandte Muster

Der Fahnder korreliert mit vielen der positiven Muster in unserem Knigge: Er hält die Augen in alle Richtungen offen (Kap. 3: Der Vielsehende),
er wägt Kosten und Risiken ab (Kap. 14: Der technische Risikomanager),
er vermeidet Perfektion (Kap. 13: Der Perfektionist), aber vor allem sorgt
er dafür, dass Architektur, Sourcecode und auch der Entwicklungsprozess ständig einfacher, überschaubarer und daher wartbarer werden
(Kap. 12: Der Vereinfachungskobold).

Links & Literatur

[1]   Clages, Horst (Hrsg): „Grundzüge der Kriminalpraxis"

[2]   Qualitative Bewertungsmethode für Softwarearchitektur, kom-
      pakt erklärt in Starke, Gernot: „Effektive Softwarearchitekturen",
      Carl Hanser Verlag, Kurzfassung: *http://esabuch.de/downloads/
      download.html*, ausführliche Erläuterungen: *http://resources.sei.
      cmu.edu/library/asset-view.cfm?assetID=5177*

[3]   Über objektive und subjektive Wahrnehmung: *http://wahrneh
      mung.psycho-wissen.net/wahrnehmung/objektive-und-subjektive-
      wahrnehmung/index.html*

[4]   Starke, Gernot, Hruschka, Peter: „Zertifizierung für Soft-
      warearchitekten – Ihr Weg zur iSAQB-CPSA-F-Prüfung", ent-
      wickler.press, 2014

27 Der Saubermann

©istockphoto.com/EHStock

Schlechter Code stinkt, verursacht Unwohlsein, Kopfschmerzen und eine Menge anderer übler Probleme. Schlechter Code kann in ganz verschiedenen Ausprägungen daherkommen – die wir mit unterschiedlichen Maßnahmen bekämpfen oder verbessern sollten. In dieser Folge möchten wir Ihnen den Saubermann vorstellen – der Chaos und Unordnung von schlechtem Code beseitigt.

Schlechter oder riskanter Code, das bedeutet unverständliche, ungeschickte, umständliche Programmierung, überschüssige Komplexität, verletzte Konventionen oder Idiome, Missbrauch der Programmiersprache oder deren falscher Einsatz. Und, Sie haben es schon vermutet, keine automatisierten Testfälle. Anti-Clean-Code, sozusagen. Falls Sie Ihr eigenes System jetzt schon wiedererkennen – willkommen im Club.

Dummerweise gibt es in manchen Systemen riesige Mengen von schlechtem Code, sodass der freundliche Saubermann erst suchen sollte, welche Stellen er bereinigen muss.

Kategorien des Code-Grauens

Im Wesentlichen kennen wir folgende Kategorien schlechten Quellcodes:

- Code, der zur Laufzeit des Systems Schmerzen oder Probleme verursacht, beispielsweise durch schlechte Performance oder übermäßigen Ressourcenverbrauch.

- Code, der Änderungen am System erschwert oder verhindert, beispielsweise durch zu hohe Komplexität, Unverständlichkeit oder schlechte Schnittstellen.

- Code, der gängige Idiome, Konventionen oder Best Practices verletzt, schlechte Bezeichner verwendet oder einfach nur mies aussieht.

- Code, der deutlich anders als der Rest eines Systems geschrieben ist, beispielsweise in anderen Sprachen, mit anderen Frameworks, nach anderen Paradigmen oder Konzepten.

- Nicht getesteter Code. [1] nennt den *Legacy Code* (siehe Kasten)

Hinzu kommt noch *riskanter* Code – der nicht unbedingt schlecht sein muss, aber eine tickende Zeitbombe sein könnte. Zwei Aufgaben hat der Saubermann damit: Schmutz (d. h. schlechten oder riskanten Code) finden und zweitens – saubermachen.

Code ohne Tests = Legacy Code

Michael Feathers erklärt im Vorwort zu [1] sehr eindrücklich, was riskanter oder schlechter Code für ihn bedeutet:
Code without tests is bad code. It doestn't matter how well written it is; it doesn't matter how pretty or object-oriented or wellencapsulated it is. With tests, we can change the behavior or ouf code quickly and verifiably. Without them, we really don't know if our code is getting better or worse.

---

entwickler.press

Verschmutzung messen

Schlechten Code finden Sie am besten durch geeignete Metriken. Dabei sollten Sie eine Mischung aus organisatorischen Metriken, Laufzeitmessungen sowie statischen (Code-)Metriken kombinieren. Grundsätzlich macht es Sinn, Metriken immer über längere Zeiträume zu messen und ihre Entwicklung über die Zeit zu beobachten.

Beginnen wir mit zwei organisatorischen Metriken: Sie sollten einerseits messen, für welche Bausteine das Entwicklungsteam wie viel Zeit und Aufwand verwendet, andererseits für Ihre Bausteine die Anzahl der darin gemeldeten Fehler und Probleme kennen. Relativ hohe Zahlen rechtfertigen Umbau- und Verbesserungsmaßnahmen. In üblichen CI-Umgebungen werden diese Werte nicht gemessen – daher müssen Sie als Saubermann hier selbst tätig werden.

Stoppuhr und Co.

Als Nächstes messen Sie als Saubermann das Laufzeitverhalten Ihres Systems durch detailliertes Profiling: Messen Sie Laufzeiten einzelner Bausteine, die Häufigkeiten der Aufrufe und deren Speicher- oder Ressourcenverbrauch. Idealerweise messen Sie diese Größen regelmäßig (mindestens wöchentlich) in Last- oder Stresstests.

Auch hieraus können Sie „Reinigungsbedarf" ableiten: Säubern Sie Bausteine, die besonders häufig aufgerufen werden, besonders lange Zeit oder viel Speicher benötigen.

Diese Ratschläge klingen völlig naheliegend – werden unserer Erfahrung nach in Projekten aber drastisch vernachlässigt, bis dann irgendwann die gesamte Performance nicht mehr stimmt und das Management nach Wundern ruft, die das Entwicklungsteam dann grundsätzlich bis vorgestern geliefert haben muss!

Höhe der Verantwortung

Kommen wir zur statischen Codeanalyse: Zur Identifikation von riskantem Code empfehlen wir Ihnen insbesondere die Messung der afferenten Kopplung. Sie gibt die Anzahl der eingehenden Abhängigkeiten an, also derjenigen Bausteine, die vom jeweils vermessenen Baustein abhängig sind. Anders ausgedrückt misst sie die Höhe der „Verantwortung" eines Bausteins. Hohe afferente Kopplung bedeutet, dass im Fehler- oder Problemfall sehr viele andere Bausteine betroffen sind. In seinem brillanten Vortrag über Komplexität hat Tim Berglund ([4]) gezeigt, dass in vielen Softwaresystemen die afferente Kopplung asymptotisch verteilt ist: Wenige Bausteine haben sehr hohe afferente Kopplung, sehr viele Bausteine sehr niedrige.

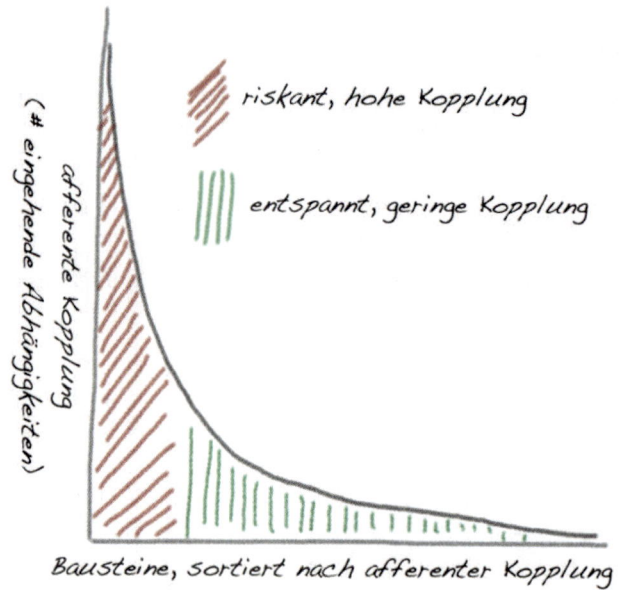

Abbildung 27.1: Die Identifikation riskanten Codes

entwickler.press

Bei den besonders stark afferent gekoppelten Bausteinen (also denen mit sehr hoher Verantwortung) können Sie dann fast beliebige andere Metriken oder Prüfungen anwenden (siehe [3]): Sämtliche Verstöße gegen Idiome, Konventionen oder gute Programmierpraxis haben bei afferent gekoppelten Bausteinen besonders gravierende Auswirkung – und sollten unbedingt „gesäubert" werden! Messen können Sie die afferente Kopplung übrigens mit [6] oder [3]

Reinräume sind zu teuer

Die Produktion der Chipindustrie findet in Reinräumen statt – in denen es praktisch keinen Schmutz gibt – die aber mit sehr hohen Kosten für Aufbau und Unterhalt verbunden sind.

In unseren Softwaresystemen benötigen wir nur in Ausnahmefällen solche klinisch reinen Bedingungen. Wir können uns durchaus etwas schmutzigen Code leisten – sofern dieser Code selten geändert werden muss und halbwegs gut durch automatisierte Tests abgesichert ist.

Unit Tests und Integrationstests sollten zum Handwerkszeug aller Entwickler und Softwarearchitekten gehören. Aktuelle Frameworks (siehe [3]) besitzen hier eine Art Suchtfaktor: Einmal von Spockframework und Co. angefixt, wollen Sie nie wieder anders arbeiten!

Professionelle Reinigung

Zu fachlich oder technisch relevantem Code gehören automatisierte Testfälle (siehe [1]). Falls Sie riskanten oder schlechten Code gefunden haben, sollten Sie zuerst priorisieren: Welche Codestellen enthalten die größten Probleme, tragen die höchste Verantwortung, benötigen die meiste Laufzeit, verursachen die meisten Fehler oder den höchsten Pflegeaufwand? Diese Bausteine bearbeiten Sie dann gemäß des folgenden Verfahrens (angelehnt an [1] und [2]):

1. Identifizieren Sie die als Nächstes zu ändernde Codestelle.

2. Finden Sie geeignete Punkte (Codestellen), an denen Sie diese Codestelle testen können. Definieren Sie Testfälle dazu.

3. Lösen Sie vorhandene Abhängigkeiten von dieser Codestelle auf, sodass Sie Testfälle implementieren können.

4. Erst jetzt ändern Sie den ursprünglichen Code und refaktorisieren.

HINWEIS

Insbesondere das Auflösen von Abhängigkeiten über mehrere Klassen, Pakete oder Subsysteme hinweg erweist sich in der Praxis oftmals als schwierig und langwierig, weil Sie das manchmal kaum durch Unit Tests absichern können. Ein pragmatischer Ausweg hierbei ist eine Politik der kleinen Schritte: Reduzieren Sie eine Abhängigkeit nach der anderen – und bleiben Sie geduldig.

Fazit

Finden Sie riskanten oder schlechten Code durch eine Kombination technischer und organisatorischer Metriken: Beobachten Sie Abhängigkeiten und Komplexität, Fehlercluster und Laufzeit-/Performancewerte. Korrelieren Sie diese Metriken: Bausteine, die in mehr als einer der Metriken schlecht abschneiden, sollten Sie mit hoher Priorität verbessern (Stichwort: Refactoring).

HINWEIS

Die fundierte Kenntnis von Werkzeugen zur statischen Codeanalyse (etwa: SonarQube) hilft Ihrem Image als Saubermann beträchtlich. Wenn Sie dann noch einige Metriken zur Kopplung und Kohäsion, einige typische Coding Conventions und Idiome Ihrer favorisierten Programmiersprache kennen – dann können Sie als Saubermann in Ihren Teams für signifikante Verbesserung von Qualität sorgen.

Falls Sie in Ihren Systemen keinen schlechten oder riskanten Code haben – Glückwunsch: In unseren weit mehr als 20 Jahren Berufserfahrung haben wir in praktisch jedem unserer Audits solchen Code entdeckt (was uns ja grundsätzlich freut, weil wir dann als Saubermänner noch viele Jahre lang ein gesichertes Auskommen haben werden).

Links & Literatur

[1] Feathers, Michael: „Working Effectively with Legacy Code", Prentice Hall, 2005. Ein großartiges Buch – das meiner (Gernots) Meinung nach jeder lesen sollte, der Software ändert.

[2] Lippert, Martin und Roock, Stefan: „Refactoring in Large Software Projects", Wiley, 2006

[3] SonarQube – freies und umfangreiches Metrik- und Analysewerkzeug von ABAP bis zu XML (und natürlich jede Menge JVM-basierte Sprachen): *http://www.sonarqube.org/*

[4] Berglund, Tim: „Complexity Theory and Software Development": *http://de.slideshare.net/jaxlondon2012/complexity-theory-and-software-development-tim-berglund* (insb. Slides 73 ff über afferente Kopplung)

[5] Behavior und Acceptance Testing, u .a. Spockframework (*http://spockframework.org*), Cucumber (*http://cukes.info/*), Robot (*http://robotframework.org/*), JBehave (*http://jbehave.org/*)

[6] JDepend – Java Dependency Analyser: *http://clarkware.com / software/JDepend.html*

28 **Der Schmutzfink**

©Peter Hruschka

Dieses Kapitel handelt von Schmutzfinken – einer Spezies, die so alt ist wie das Programmieren selbst. Schmutzfinken besitzen einen überaus starken Überlebenswillen und lassen sich auch durch Technologiewechsel nicht aus ihrem Konzept bringen. Im Gegenteil: Mit jeder neuen Technologie, Programmiersprache und jedem Framework entdecken Schmutzfinken neue und kreative Möglichkeiten, ihrer Passion zu frönen.

Namen sind Schall und Rauch

Wie im ersten Programmierkurs nennen Schmutzfinken die Dinge gerne kurz. i, j, x und y eignen sich als Namen hervorragend, ob Businessdaten oder Statusinformation, kürzer als einbuchstabig geht leider nicht. Und in der Kürze liegt die Würze.

Statt viel Zeit in das Erfinden fachlich passender Bezeichner zu investieren, halten wir uns an etablierte Kurzformen und schaffen dadurch knackig kompakten Code.

Das gilt natürlich sowohl für Variablen, Attribute sowie Funktionen oder Methoden.

Das Böse ist modular

Nur solche Menschen modularisieren, die zuhause warm duschen oder im Winter eine Heizung benutzen. Richtige Entwickler zentralisieren Logik und Daten in möglichst wenigen Dateien. Funktionen oder Methoden sind schon Modularisierung genug, was braucht der schmutzige Fink dazu noch weitere Klassen. Und neumodischer Kram wie OSGi oder Schnittstellenversionierung macht das Leben nur unnötig kompliziert. Zusammen, was zusammen gehört, – alle Funktionen oder Methoden einer Applikation gehören einfach in eine Datei.

#define private public

Nun – Sie benötigen etwas Kenntnisse in C oder C++, um diesen großartigen Ratschlag so richtig würdigen zu können: In diesen Sprachen verarbeitet ein so genannter Präprozessor den Quellcode, bevor ihn der Compiler zu sehen bekommt. Die *#define X Y*-Direktive bedeutet, dass sämtliche Zeichenketten „X" im Quellcode durch „Y" ersetzt werden.

Super ist, dass Sie diese Präprozessor-Direktive in eine unbedeutende Header-Datei schreiben können (etwa in *license.txt*), die Sie dann mittels *#include license.txt* inkludieren.

Das errät niemand – und auf einen Streich werden Sie sämtliche dieser lästigen „privaten" Definition los – und können das leidige Geheimnisprinzip ad acta legen: Endlich stehen Ihnen wieder private Methoden an Schnittstellen zur Verfügung. No more privacy, no more secrets!

WAR STORY

Mitte der 1990er-Jahre hat mir der Entwickler einer seinerzeit bekannten CORBA-Middleware in einem Kurs beibringen wollen, das sei „die einzige Methode, wie man mit diesem System ordentlich programmieren könne"... Ein objektorientierter Broker-Schmutzfink! *(GS)*

NTT-Prinzip

Was – diese Abkürzung kennen Sie nicht: Nur Tester testen. Wer denn sonst – denn testen ist im Auge des stolzen Schmutzfinks eine würdelose Aufgabe, so destruktiv. Lieber konstruktiv programmieren und das Testen dann dorthin verbannen, wo es schon immer war: (Sehr) kurz vor der Auslieferung.

N2T bedeutet, dass sich Schmutzfinken während der Entwicklung auf das Schreiben von Quellcode konzentrieren können – und nicht durch lästige Rückmeldungen über korrekt oder inkorrekt abgelenkt werden.

Wahre Genies sollen nämlich ungestört und kreativ schaffen können, jegliche Ablenkung unterbricht den geistigen Fluss.

Außerdem wird nach Ansicht der Schmutzfinken die Bedeutung der Farbe „grün" als Motivator deutlich überbewertet … und dieser Humbug von Test-driven passt ja nur für Übungsbeispiele aus dem Programmierkurs. Esoterischer Kram für Anfänger!

Datentyp Monokultur

Es gibt nur drei sinnvolle Datentypen: String, Long und Array. Alles weitere lässt sich darauf zurückführen und bedeutet überschüssigen Ballast.

Wahrheitswerte? In der Programmierbibel [2] steht, wie's geht: Null ist falsch, alles andere wahr. Aufzählungstypen: überflüssig. Fachliche Datentypen – funktionieren prima über Array von Strings. Das können wir wenigstens in einer bewährten *for*-Schleife durchlaufen und es ist schön generisch.

Apropos Schleife. Schon lange sind Iteratoren und Collections bei wahren Schmutzfinken verpönt.

Big Is Beautiful

In langen Funktionen oder Methoden steht alles, was der Schmutzfink über diese Methode wissen muss – kein lästiges Hin- und Herspringen, kein Verfolgen von Aufrufketten. Diese Vorschläge, höchstens eine Bildschirmseite voll (oder gar noch kürzer, wie [1] fordert) sind höchstens für Menschen mit schwachem Kurzzeitgedächtnis, aber nicht für echte Entwickler.

Wahrhafte Schmutzfinken dehnen diese Ansatz der „umfangreichen Methoden" direkt auf Klassen aus (sofern sie denn überhaupt in OO-Sprachen arbeiten): Eine Klasse, beispielsweise *Server.java*, genügt für mittelgroße Systeme in jedem Fall. Auch da haben wir wieder schöne Kohäsion: Es steht alles, wirklich alles, zusammen, was zusammen gehört (ok – möglicherweise noch einiges mehr – aber das ist Erbsenzählerei).

Wenn wir dann noch alle Methoden/Funktionen und Deklarationen schön alphabetisch sortieren, kann nichts mehr schief gehen.

Zwei-Augen-Prinzip

Zwei Augen genügen. Immer. Sonst redet dem Schmutzfink ja nur jemand anders unnötigerweise rein – und unterbricht unter Umständen den kontinuierlichen Ausfluss der Komplexität – ähm Genialität. Allein programmiert es sich immer noch am besten. Außerdem sitzt mir ja der Computer gegenüber – der hilft in Krisen zuverlässig und kompetent weiter.

Früher war alles besser

Da gab es *struct*-Definition und nicht diesen ganzen aufwändigen Klassen-Kram. Da war Performance in die Sprache eingebaut, und wir konnten mit *malloc* unseren wertvollen Speicher selbst verwalten. Außerdem ist *make* schneller als *maven* & Co – und in so ein schickes *make*-File können wir mit *autoconf* so richtig schön portabel implementieren. Ja – zugegeben, selbst unter den schmutzigsten Finken gilt das als hohe Schule, aber es funktioniert. Was für Linus und den Linux-Kernel gut ist, muss für uns erst recht passen.

Außerdem brauchen wir garantiert keine neuen Idiome, Sprachen oder Frameworks. Umgewöhnen oder Neues lernen kostet nur unnötig Zeit (in der geneigte Schmutzfinken vermutlich lieber vor dem Debugger schwitzen, um ihre eigene Sauce endlich zu verstehen).

Fazit

Schmutzfinken können Code schnell schreiben, den andere Menschen nur sehr langsam (wenn überhaupt) lesen können. Das hilft kurzfristig bei der Sicherung des Jobs – führt langfristig zu jeder Menge Ärger – mindestens mit denen, die den schmutzigen Code erweitern oder ändern müssen.

Links & Literatur

[1]   Martin, Robert: „Clean Code. Handbook of Agile Software Craftmanship", Prentice Hall, 2008

[2]   Kernighan, Brian / Ritchie, Dennis: „The C Programming Language". Hier wird erklärt, dass 1 wahr ist, und alles andere falsch. Oder war's Null? Wir sind keine Schmutzfinken

29 Der Kammerjäger

©istockphoto.com/Alija

Zum Umbauen und Ändern von Software gehört nach unserer Erfahrung auch die Suche nach Fehlern – daher erwarten Sie diesmal Tipps zum zielgerichteten Debuggen.

Die Situation sollten Sie alle kennen: Kurz vor der Auslieferung tritt ein kritischer Fehler auf. Die spontane Reaktion lautet: „Kann gar nicht sein". Weder ein „Clean Build" noch ein Reboot helfen. Sie haben nur noch wenig Zeit, bis die Software ausgeliefert werden soll. Ihr Chef sitzt

Ihnen im Nacken und ruft lautstark nach der Lösung. Die ganze Situation ist Ihnen unangenehm, leider fehlt Ihnen (noch) jegliche Idee, woher dieses Fehlverhalten kommen könnte.

Es schlägt die große Stunde des Kammerjägers – die Bugs dieser Welt erzittern vor Furcht.

Selbstverständlich?

Selbstverständlich sollten unsere Ratschläge selbstverständlich sein. Wir erleben aber ständig, dass vermeintliche Selbstverständlichkeiten rundweg ignoriert werden – nicht nur bei der Fehlersuche. Wir möchten Sie hier vorsichtig an einige (vermeintlich) selbstverständliche Verhaltensweisen erinnern – denn eine kurze Auffrischung der wichtigen Verhaltensweisen könnte Lady Entwicklerin und Gentleman Entwickler die nächste Debugging-Session verkürzen.

Fundamental!

Wir gehen davon aus, dass Sie eine klare, präzise Fehlerbeschreibung haben. Sie wissen genau, in welcher Situation der Fehler aufgetreten ist, mit welcher Version der Software, auf welcher Hardware, mit welchem Betriebssystem und welcher Netztopologie. Sie kennen den genauen Wortlaut der Fehlermeldung, besitzen Zugriff auf eventuelle Logfiles, ebenso auf die Eingabe- oder Eingangsdaten, die den Fehler verursacht haben.

Nein? Dann wird es Zeit, diese Informationen zu beschaffen. Wir wollen einen konkreten Bug jagen, nicht ein unbestimmtes Gerücht …

Chill' mal

Können Sie sich einen echten Jäger vorstellen, der hektisch durch sein Jagdrevier keucht, laut flucht und alle paar Sekunden die Richtung ändert? Dessen Jagderfolg wird nahe Null bleiben. Daher empfehlen wir Ihnen ruhige Chillout-Musik [1] und entspanntes Zurücklehnen – zumindest wir können dabei besser denken. Falls Ihnen nette Kollegen jetzt noch einen ordentlichen Espresso (oder grünen Tee) spendieren –

umso bessere Voraussetzungen. Schicken Sie Ihren hektischen Chef auf irgendeine wichtige Managementmission, stellen Sie Telefon, Chat- und Twitter-Client aus. Am besten suchen Sie sich eine gut gelaunte Kollegin zur Unterstützung.

Fehler nachvollziehen

Stellen Sie als Nächstes sicher, dass Sie den gesuchten Bug zuverlässig reproduzieren können. Beschaffen Sie sich die betroffene Version des Quellcodes, passende Testdaten und mögliche Hardware- und Betriebssystemkonfigurationen. Starten Sie das System und vollziehen sämtliche Schritte der Fehlersituation nach – ohne dass Sie irgendeine Änderung an Konfiguration oder Umgebung vornehmen. Sie müssen den Fehler in Ihrer Entwicklungsumgebung selbst erleben können, sonst werden Sie ihn niemals finden! Dadurch stellen Sie sicher, dass Sie den gleichen Bug jagen, den Ihre Anwender gemeldet haben.

In der idealen Welt checken Sie eine fertig konfigurierte virtuelle Maschine aus, in der sowohl Entwicklungs- wie Testumgebung inklusive Testdaten für die jeweilige Version enthalten sind. Aber wir möchten Sie ja nicht neidisch machen …

Vorsicht – (falsche) Annahme

Das Antipattern der Fehlersuche lautet „falsche Annahme": Sie nehmen an, der Fehler lauert in Baustein X. Ihre Suche und Gedanken kreisen um dieses X, weil Sie andere Ursachen kategorisch ausschließen.

Viele Fehler sind in Wirklichkeit aber *Konsequenzen* (auch genannt „Folgefehler"). Diese lenken geschickt vom eigentlichen Problem ab, das ursprünglich an einer völlig anderen Stelle in völlig anderer Form auftrat. Stellen Sie daher Ihre Annahmen ausdrücklich in Frage. Erklären Sie Ihre Annahmen beispielsweise einem Kollegen – dieses „Vier-Augen-Prinzip" hilft oftmals, irrige Annahmen als solche zu identifizieren.

Das bringt uns zum nächsten Tipp – nämlich ausreichendes explizites Wissen über das System.

Szenario kennen

Sie müssen im System den Kontext des Fehlers kennen. Genauer: Sie müssen die Funktionen aller betroffenen Bausteine im System kennen, von Beginn der letztlich fehlerhaften Aufgabe bis zum Auftreten des Fehlers selbst.

Skizzieren Sie diesen Weg von Daten durch die Bausteine des Systems auf Papier. Machen Sie darin erwartete Zwischenergebnisse explizit – bevor Sie im Debugger diese Ergebnisse überprüfen (in arc42-Sprechweise: Analysieren Sie das Laufzeitszenario, in dem der Fehler auftrat). Das kann eine grobe Skizze sein – diese gibt Ihnen aber eine plausible Richtlinie, anhand derer Sie in die Tiefe des Quellcodes abtauchen können – und dort die aktuellen Daten mit den von Ihnen erwarteten vergleichen!

Versuchen Sie also, Ihre Reiseroute im Debugger zumindest in groben Zügen vorab zu planen – anstatt sich auf eine Last-Minute-Überraschungsreise ohne festes Ziel zu begeben. Wenn Sie wissen, dass Sie nach Pisa reisen, halten Sie den schiefen Turm auch nicht fälschlicherweise für einen Fehler.

Gucken statt Denken

Sherlock Holmes hat in einem seiner Romane eine Grundregel erfolgreicher Kammerjäger formuliert: *„It's a capital mistake to theorize before one has data"* [2]. Schauen Sie genau hin. Noch genauer, lesen Sie das, was der Stacktrace oder der Debugger anzeigt, und nicht das, was Sie gerne dort finden möchten.

Das menschliche Unterbewusstsein spielt uns in dieser Hinsicht gerne Streiche: Wir glauben fest, Dinge zu sehen, obwohl sie in Wirklichkeit ganz anders sind. Eine sehr überzeugende Vorstellung dieser Kategorie von Täuschung gibt Apollo Robbins in [3] – absolut sehenswert.

Im konkreten Debugging von Quellcode müssen Sie vor dem „Gucken" oftmals instrumentieren, entweder über Logging, Tracing oder banales System.out. Wenn Sie Code nicht instrumentieren können, hilft Single-Stepping im Debugger.

Zum Thema „genau hingucken" gefällt uns ein Sprichwort aus Sizilien, das wir in [4] für Sie ausgegraben haben:

„Nur der Kochlöffel weiß genau, wie es unten im Kochtopf aussieht!"

Intervallschachtelung: Divide And Conquer

Betrachten Sie Abbildung 29.1: Dort tritt in dem rot markierten Baustein 1 ein Fehler auf. Ihrer Einschätzung und Erwartung nach erstreckt sich die Verarbeitung des gesamten Ablaufs innerhalb des Systems auf den blau markierten Datenfluss, an dem die Bausteine 2 bis 6 beteiligt sind. Betreiben Sie jetzt gezieltes Halbieren: Überprüfen Sie Ihre Annahmen am Übergang einer Hälfte zur nächsten (hier: zwischen Baustein 4 und 3): Sofern dort Ihrer sachkundigen Einschätzung nach alles stimmt, muss der Fehler nach diesem Übergang entstehen – ansonsten vorher.

Durch solche Schachtelung können Sie auch in großen Systemen gezielt zur eigentlichen Fehlerursache vorstoßen – vorausgesetzt Sie kennen das Szenario (siehe oben!).

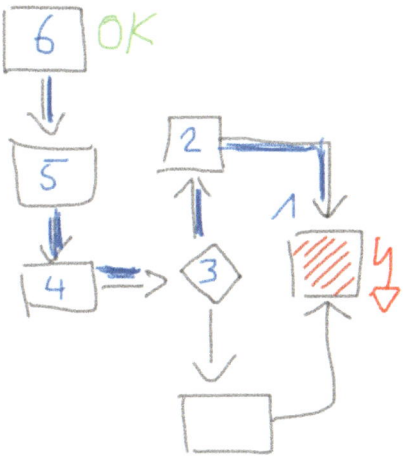

Abbildung 29.1: Auf dem Weg zum Fehler

Nur EINE Sache ändern

Nehmen wir an, Sie haben den leidigen Bug auf wenige Zeilen Code eingegrenzt. Nun setzen Sie zur finalen Entsorgung an. Zentraler Tipp dazu: Ändern Sie immer (wirklich immer) nur eine Sache auf einmal – danach testen Sie erneut. Falls Sie mehrere Dinge gleichzeitig modifizieren, wissen Sie später nicht mehr, welche Änderung denn nun wirklich das Problem behoben hat.

David Agans nennt das in [4] typisch amerikanisch: „Schießen Sie mit einer Kugel auf Bugs, nicht mit einer Schrotflinte."

Das Wunder der Vier Augen

So manches Mal haben wir im Projekt Kollegen bei der Fehlersuche helfen dürfen. Das Vier-Augen-Wunder hat [5] auch als „Ich erkläre es meiner Frau"-Taktik bezeichnet: Erklären Sie das Problem einer völlig unbeteiligten Person – alleine durch dieses Erklären ergeben sich für Sie selbst neue Lösungsideen oder Gedankenanstöße. Der Grund dafür ist einfach – Außenstehende gehen oftmals mit weniger oder anderen Annahmen in eine Situation.

Pair-Debugging funktioniert ebenfalls großartig – allerdings müssen Sie sich dann die Jagdtrophäen teilen.

Fazit

Das Lokalisieren und Entfernen von Fehlern gehört zu unserem Handwerkszeug. Der rein mechanische Umgang mit Debuggern ist, den IDEs sei Dank, einfach geworden. Ein paar Grundregeln beherzigt, und schon wird das Kammerjägern zur reinen Freude. Wir alle wissen ja – nach der erfolgreichen Jagd sieht jeder Fehler banal und klein aus – auch wenn wir zwischendurch alle schon mal an Zufälle, Außerirdische oder dunkle Mächte geglaubt haben – weil Bugs sich manchmal sehr kreativ verstecken. In diesem Sinne, happy hunting!

Links & Literatur

[1]   Die Chillout-Lounge: *http://1fmchillout.radio.de/*

[2]   Sherlock Holmes (von Sir Arthur Doyle): *http://en.wikiquote.org/ wiki/Sherlock_Holmes*

[3]   Apollo Robbins auf TED: Die Kunst der Ablenkung: *http://rerral. com/apollo-robbins-art-of-misdirection/*. Eine großartige Demonstration des Unterschieds zwischen sehen und glauben.

[4]   Agans, David J.: „Debugging: The 9 Indispensable Rules for Finding Even the Mose Elusive Software and Hardware Problems", Amacom, 2002

[5]   *http://www.techrepublic.com/blog/it-consultant/five-debugging-tips-for-solving-software-problems/*

[6]   Mehdi Amoui et al.: „A Pattern Language For Software Debugging": *http://stargroup.uwaterloo.ca/~mamouika/papers/pdf/ IJCS.2006.pdf*. Publiziert von Forschern der Universität Teheran – sicherlich eine Quelle mit Seltenheitswert. Der Inhalt hält das Versprechen des Titels nicht: Kaum Hinweise, wie Sie konkrete Fehler im Sourcecode finden können.

Weitere Goodies

30 arc⁴² –
The Elevator Pitch

Falls Sie sich wundern, warum wir dauernd arc42 zitieren oder falls Sie im Aufzug mit Ihrem IT-Boss über die Einführung pragmatischer Softwarearchitektur plaudern wollen – hier unser Vorschlag:

- **arc42** enthält ein praktisches und pragmatisches Template zur Entwicklung, Dokumentation und Kommunikation von Softwarearchitekturen.

- **arc42** schlägt einen Prozess zur Entwicklung und Konstruktion effektiver Softwarearchitekturen vor.

- **arc42** unterstützt Software- und Systemarchitekten. Es kommt aus der Praxis und basiert auf Erfahrungen aus vielen Architekturprojekten sowie Rückmeldungen vieler Anwender.

- **arc42** eignet sich für beliebige Technologien und Werkzeuge.

- Sie dürfen **arc42** kostenfrei verwenden, auch für den kommerziellen Einsatz. Wirklich und ohne Kleingedrucktes.

- **arc42** sorgt für bessere Software- und Systemarchitekturen (wenn wir bessere Verkäufer wären, hätten wir diesen Satz an den Anfang gestellt!)

Die Grundidee

Eine feste Struktur für alle Ergebnisse, Dokumente, Modelle und Entscheidungen, die im Rahmen Ihrer Softwarearchitektur entstehen.

Durch diese feste Struktur (Template, Gliederungsvorlage) finden alle Beteiligten leicht die gewünschten Informationen.

Projekte können sofort loslegen, ohne lange überlegen zu müssen, wo und in welcher Ordnung architekturrelevante Informationen abgelegt werden sollen. Für einige Tools steht das Template sogar „vorimplementiert" als Download zur Verfügung: *http://www.arc42.de/downloads/down loads.html*

Die Vogelperspektive

Softwarearchitekturen jeglicher Ausprägung enthalten vier Arten von Informationen:

1. Anforderungsbezogene Informationen
2. Strukturen des Systems
3. Übergreifende (technische) Konzepte
4. Entwurfsentscheidungen und Risiken

In den meisten Fällen können Sie ein Arbeitsergebnis, ein Diagramm oder einen bestimmten Aspekt der Lösung eindeutig einem dieser Bereiche zuordnen.

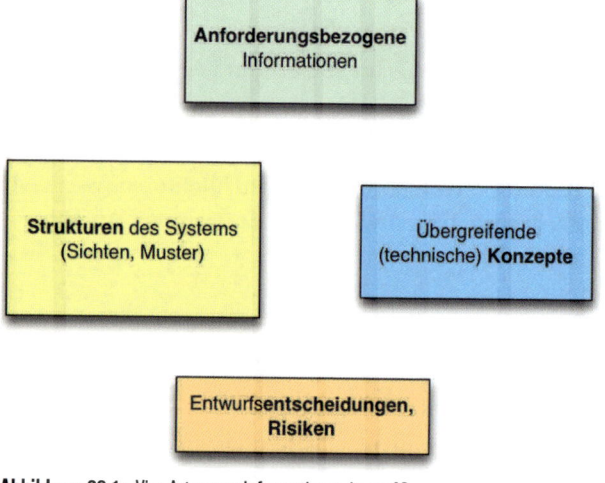

Abbildung 30.1: Vier Arten von Informationen in arc42

Die Details

arc42 unterteilt diese vier Arten von Architekturinformation in insgesamt 12 einzelne Teile (in einem Dokument wären das Kapitel, in einem Wiki Seiten oder Teilbäume, in einem UML-Werkzeug Pakete oder Verzeichnisse). Die Nummerierung zeigt die empfohlene Lesereihenfolge (NICHT die Reihenfolge, in der die Inhalte erstellt oder bearbeitet werden!)

1. **Einführung und Ziele**: Aufgabenstellung, zentrale Funktionen des Systems, Qualitätsziele, Stakeholder

2. **Randbedingungen**: Technische und organisatorische Einschränkungen, Konventionen

3. **Kontextabgrenzung**: fachlicher und technischer Kontext des Systems, externe Schnittstellen, Nachbarsysteme

4. **Lösungsstrategie**: Zentrale Lösungsideen, grundlegende Entscheidungen und Technologien

5. **Bausteinsicht**: Statische Zerlegung des Systems (Module, Komponenten, Subsysteme, Schichten, Partitionen o. ä.), hierarchisch dargestellt. Wechselweise Black- und Whitebox-Darstellungen.

6. **Laufzeitsicht**: Dynamik des Systems, Zusammenarbeit der Laufzeitinstanzen der Bausteine, wesentliche Abläufe innerhalb des Systems.

7. **Verteilungssicht**: In welcher Hardwareumgebung läuft das System? Zuordnung von Softwarebausteinen auf Hardware, Zusammenbau mehrerer Bausteine zu Deployment-Einheiten.

8. **Technische Konzepte**: Übergreifende technische Lösungen oder Ansätze, beispielsweise zur Datenspeicherung, der Umsetzung grafischer Benutzeroberflächen, der Integration mit Fremdsystemen, Protokollierung, Fehlerbehandlung etc.

9. **Entwurfsentscheidungen**: Die wesentlichen (globalen!) Architekturentscheidungen!

10. **Qualitätsszenarien**: Konkrete Qualitätsziele in operationalisierter, konkreter Form (als Qualitätsbaum oder Qualitätsmerkmal sowie Szenarien). Grundlage für qualitative Architekturbewertung und -entwicklung.

11. **Risiken**: Wichtige technische oder strukturelle Risiken.

12. **Glossar**

HINWEIS

Betrachten Sie arc42 als einen offenen Schrank mit Fächern. Jedes Fach entspricht einem der oben genannten „Kapitel". Immer, wenn Sie ein Thema innerhalb der Architektur bearbeiten, können Sie das Ergebnis in dem entsprechenden „Fach" ablegen.

Der arc42-Schrank gibt Ihnen völlige Freiheit, wie Sie Ihre Architekturarbeit organisieren.

Auf der anderen Seite hilft Ihnen der Schrank dabei, Ordnung in architekturrelevanten Ergebnissen, Dokumenten, Modellen und Entscheidungen zu halten: Für jedes gibt's in arc42 einen festen Platz – sodass andere Stakeholder diese Ergebnisse leicht wieder finden oder weiter bearbeiten können.

entwickler.press

31 Architekturen verbessern, aber richtig

Architekturen zu entwickeln und zu implementieren ist das eine – bestehende Systeme mit all ihren Problemen, Altlasten, historisch gewachsenen Strukturen und Abhängigkeiten
zu pflegen, zu erweitern, zu verbessern oder zu retten, ist etwas komplett anderes. Dafür gibt es seit einiger Zeit einen systematischen Ansatz (aim42), die *Architecture Improvement Method*.

- Mit aim42 erreichen Sie systematisch sowohl betriebswirtschaftliche als auch technische Qualitätsziele, beispielsweise reduzierte Wartungs- und Betriebskosten.

- aim42 schlägt ein iteratives Vorgehen in drei Phasen vor, das sich in beliebige Entwicklungsprozesse leicht integrieren lässt.

- aim42 kommt aus der Praxis und verwendet eine Vielzahl etablierter und erprobter Praktiken und Patterns.

- aim42 schafft Überblick über bestehende Probleme eines Systems, sowie die zugehörigen Lösungsoptionen. Sowohl Probleme wie Lösungen bewertet aim42 in betriebswirtschaftlichen Größen, wie Geld und/oder Zeit.

- Da aim42 unter einer liberalen Open-Source-Lizenz steht, dürfen Sie es frei verwenden, auch für kommerziellen Einsatz.

- aim42 freut sich über Ideen und Mitwirkung (siehe aim42.org)

Das Vorgehen

Verbessern Sie iterativ, trennen Sie dabei die Erkennung von Problemen oder Risiken (= Analyse) von ihrer Bewertung (= Evaluierung) sowie ihrer Behebung (Improvement).

Halten Sie sich an die folgenden einfachen Schritte:

1. Sammeln Sie zuerst die Probleme, die Sie rund um das System und deren Organisation finden ([1] nennt das *problem list*).

2. Jedes Problem bewerten Sie hinsichtlich seiner einmaligen und/oder wiederholten Kosten. Nutzen Sie Schätzungen oder treffen Sie Annahmen – und halten Sie diese Bewertungen fest.

3. Suchen Sie nach Maßnahmen, die diese konkreten Probleme oder deren Ursachen lösen oder beheben. Zwischen Maßnahmen und Problemen respektive Ursachen besteht eine m:n-Beziehung – eine einzige Maßnahme kann mehrere Probleme adressieren, ein Problem kann zur Lösung mehrere Maßnahmen benötigen.

4. Auch Maßnahmen haben Kosten – die Sie systematisch ermitteln oder schätzen müssen. ([1] nennt das *improvement backlog*)

5. Die Gegenüberstellung der Kosten von Maßnahmen mit den Kosten des Problems ergibt eine wertvolle Entscheidungshilfe für Budget- oder fachlich Verantwortliche. Damit müssen Softwarearchitekten endlich nicht mehr über die schwer vermittelbaren inneren Qualitäten, Kopplung, Kohäsion oder Implementierungsdetails, argumentieren, sondern können in *Businesssprache* argumentieren.

Verbessern funktioniert iterativ: Bewertungen von Problemen und Maßnahmen können sich über die Zeit ändern, wie sich in modernen Entwicklungsprozessen auch die Prioritäten von beispielsweise Anforderungen oder Zielen über die Zeit ändern können. Regelmäßige (iterative) Überprüfung der *problem list* und des *improvement backlog* stellen deren Aktualität sicher.

Beispiele für Praktiken und Patterns

An einigen Beispielen möchten wir die Granularität und den Scope von aim42 aufzeigen. Für eine ganzheitliche Übersicht über alle aktuellen aim42-Praktiken und -Patterns verweisen wir Sie auf das online verfügbare Methodenhandbuch [aim-guide].

Abbildung 31.1: aim42-Praktiken und -Patterns

- **Anti-Corruption Layer**: Isoliere Clients von internen Änderungen an Subsystemen

- **ATAM**: Architecture Tradeoff Analysis, findet Risiken in Architektur

- **Assertions**: Über Zusicherungen im Code fehlerhafte Annahmen aufdecken

- **Branch for Improvement**: Über unterschiedliche Branches in der Versionsverwaltung verschiedene Stände der Veränderung abbilden

- **Capture Quality Requirements**: Qualitätsziele verschiedener Beteiligter offenlegen

- **Context Analysis**: Systemkontext und externe Schnittstellen klären und dokumentieren

- **Data Analysis**: In Daten und Datenstrukturen nach Problemen oder Komplexität suchen

- **Estimate Problem Cost**: Kosten von Problemen ermitteln

- **Extract Reusable Component**: Aus bestehendem System wiederverwendbare Teile extrahieren

- **Frontend Switch**: In der Benutzeroberfläche Anfragen entweder an alte oder veränderte Teile des Systems routen

- **Hierarchical Quality Model**: Qualitätsziele konkretisieren durch Qualitätsbaum mit Szenarien

- **Improvement Backlog**: Pflege einer Übersicht möglicher Verbesserungsmaßnahmen, inklusive ihrer Kosten und Risiken

- **Introduce Boy Scout Rule**: Hinterlasse Code nach Änderungen immer sauberer als vorher

- **Issue Tracker Analysis**: Bug- oder Issue-Tracker bezüglich Cluster und Häufungen untersuchen

- **Keep Data, Toss Code**: Systeme durch massive Änderungen im Code, aber unter Beibehaltung der relevanten Daten verbessern

- **Pre-Interview Questionnaire**: Interviews durch Stakeholder- und situationsspezifische Fragebögen vorbereiten

- **Profiling**: Vermesse Speicher- und anderen Ressourcenverbrauch zur Laufzeit

- **Qualitative Analysis**: Risikobewertung der systemrelevanten Qualitätsanforderungen auf Basis der getroffenen Architekturentscheidungen

- **Refactoring Plan**: Teamweite Koordination und Abstimmung von Refactoring-Maßnahmen – zur groß angelegten Codeverbesserung

- **Root Cause Analysis**: Finde die Ursache von Problemen – differenziere Ursache und Symptom

- **Software Archeology**: Verstehe Software durch Analyse von Quellcode und seiner Versionshistorie

- **Stakeholder Interview**: Finde Probleme durch Befragung relevanter Beteiligter

- **Static Code Analysis**: Analysiere Quellcode, um zusammengehörige Bausteine, Abhängigkeiten, Kohäsion und andere strukturelle Eigenschaften zu finden

entwickler.press

32 Agile Modeling Guide

Modelle helfen

Architekturdokumentation soll Überblick über komplexe Systeme gewährleisten. Diagramme (mit passender Erläuterung) eignen sich oft besser, diesen Überblick zu bieten, als das bei reinem Text der Fall ist.

Müssen es UML-Diagramme sein? Unsere Antwort ist: Nein, nicht notwendigerweise. Aber die Unified Modeling Language ist seit 1997 Standard. Und es gibt vielerlei Tools zur Unterstützung. Daher liegt es nahe, diesen Standard auch zu nutzen. Sollten Sie dennoch Ihre Lieblingsnotation für die Architekturdokumentation verwenden, dann bitte vergessen Sie nicht zu erläutern, was die Symbole und Linien bedeuten sollen.

> **HINWEIS**
>
> Seien Sie pragmatisch! Nutzen Sie Standard-UML-Diagramme. Das erspart Ihnen das ständige Hinzufügen von Legenden zu den Diagrammen. Setzen Sie die UML-Syntax sparsam ein, um Ihre Stakeholder nicht zu überfordern.

Mit den folgenden Hinweisen möchten wir Ihnen ein Gefühl dafür vermitteln, was wir als angemessen in der Modellierung betrachten.

Wozu Modelle?

Der Umfang und die Präzision der Modellierung wird vor allem dadurch bestimmt, was Sie mit den Modellen vorhaben. Wollen Sie aus den Modellen automatisch Code generieren, dann müssen Sie exakt und präzise sein. Für Codegeneratoren gilt die alte Weisheit: Garbage in, garbage out! Die Modelle sind dann Ihre „höhere Programmiersprache" und – wie bei jeder Programmiersprache – müssen Sie die Spielregeln einhalten.

Viel öfter modellieren Sie wahrscheinlich für menschliche Leser und nicht für Codegeneratoren. Dafür gilt die Forderung „möglichst einfach und verständlich". Übertreiben Sie es nicht mit der Nutzung von syntaktischem Schnickschnack.

Modelle der Bausteinsicht

Für die Bausteinsicht stellt Ihnen die UML Klassen-, Komponenten- und Paketdiagramme zur Verfügung. Welche Diagrammart sollten Sie verwenden? In arc42 empfehlen wir, anstelle von Klassen, Komponenten und Paketen nur von allgemeinen „Bausteinen" zu sprechen. Bausteine können ineinander geschachtelt werden. Damit müssen wir nicht entscheiden, ob etwas ein Paket, eine Komponente oder einen Klasse ist.

Eine Warnung: Falls Sie ein metamodellkundiges UML-Tool verwenden, dann modellieren Sie Ihre Bausteine als instanziierbare Elemente (also als Klassen oder Komponenten). Dann können Sie die Bausteininstanzen auf jedem Abstraktionsniveau auch in Ihren Laufzeitszenarien verwenden (siehe unten).

Wenn Sie ohnehin mit Visio oder ähnlichem zeichnen, ist es egal. Sie können dann auch Pakete miteinander kommunizieren lassen.

HINWEIS

Konzentrieren Sie sich bei den Bausteinmodellen auf die höheren Abstraktionsebenen – diejenigen, die nicht mehr so leicht im Sourcecode zu erkennen sind. Meistens reichen 2 bis 4 Ebenen Verfeinerung, um selbst Systeme mit mehr als einer Million Codezeilen übersichtlich darzustellen.

Vergessen Sie aber bitte nicht, hinter jeden Baustein eine Blackbox-Beschreibung zu hinterlegen, wenigstens aber einen zusammenfassenden Satz über seine Verantwortung. Nur Bilder malen alleine reicht nicht aus!

Modelle der Laufzeitsicht

Die meisten Lehrbücher suggerieren, dass Sequenzdiagramme das Hauptausdrucksmittel sein sollten, um Laufzeitszenarien darzustellen. Die haben den unschätzbaren Vorteil, bei jedem gewünschten Schritt den Baustein anzugeben, der den Schritt ausführen soll. Somit können Sie nur „bausteinsichtkonforme" Abläufe zeichnen.

Sie können unserer Ansicht nach jegliche Notation benutzen, die Ihnen hilft, wichtige Abläufe transparent und Stakeholder-gerecht darzustellen. Aktivitätsdiagramme sind für viele Projektbeteiligte einfacher zu erstellen und einfacher zu lesen. Machen Sie es sich aber zur Gewohnheit, bei jeder Aktivität dazuzuschreiben, welcher Baustein dafür verantwortlich ist. Das geht beispielsweise durch Einzeichnen von Swimlanes (vgl. Abb. 32.1) oder aber noch einfacher durch eine Annotation neben jeder Aktivität.

Es muss aber gar nicht UML sein: Einfache, nummerierte Aufzählungslisten von Schrittfolgen tun es auch (aber bitte wieder mit Bausteinzuständigkeit in Klammer dahinter). Oder Flussdiagramme, oder Job-Control-Diagramme (z. B. UC4-Diagramme).

HINWEIS

Verwenden Sie beliebige dynamische UML-Modelle oder auch andere Ausdrucksmittel zur Darstellung von beispielhaften Abläufen. Aber achten Sie darauf, dass bei jedem Schritt klar ist, welcher Baustein dafür zuständig ist.

Achten Sie bei den Laufzeitmodellen darauf, dass diese nicht zum Selbstzweck werden: Wir zeichnen sie, um entweder vergessene Bausteine zu finden, um Services und Schnittstellen von vorhandenen Bausteinen zu präzisieren oder um vergessene Abhängigkeiten zwischen Bausteinen zu entdecken.

Noch eine Warnung: Sequenzdiagramme ziehen Sie magisch in die Tiefe, auf die Ebene von Objekten und deren Public Interfaces. Kämpfen Sie dagegen an und modellieren Sie auch abstraktere Abläufe!

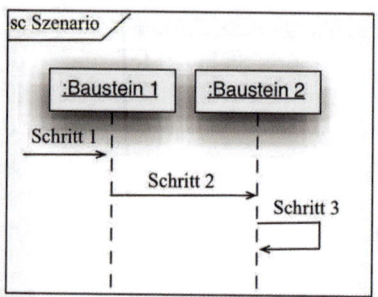

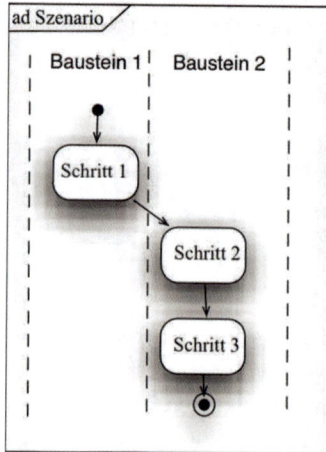

Abbildung 32.1: Alternative Laufzeitmodelle

Modelle der Verteilungssicht

Für die Verteilungssicht stellt die UML nur das Deployment-Diagramm zur Verfügung. Das ist die Sicht, wo wir –gerade in der kommerziellen Welt – am ehesten von der UML abweichen und lieber die Diagramme nehmen, die die Infrastrukturarchitekten ohnehin über Ihre Rechner und Netzwerke zeichnen. Die Notation ist ihnen vertraut und darüber lässt sich leicht mit den Betreibern sprechen.

Auch bei Embedded Systemen haben die Systemarchitekten oft ihre hausinterne Notation, die auch für die Hardwareentwicklung verwendet wird.

> **HINWEIS**
>
> Bei der Verteilungssicht steht die frühzeitige und gute Kommunikation mit Betreibern und Infrastrukturarchitekten im Vordergrund. Nutzen Sie daher jegliche Notation, die diese Kommunikation fördert.

Verwandte Muster

- Zu viel des Guten (Kap. 7): Die Angemessenheit beim Einsatz von Modellen wird nicht beachtet.
- Der Notationskrieger (Kap. 9): Ignoriert alle obigen Vorschläge. Er kümmert sich nicht um die Verständlichkeit von Modellen, sondern nur um Konformität mit dem Standard.

33 Eine Sache noch ...

„One last thing..."

Steve Jobs , Gründer von Apple[1]

Zum Abschluss möchten wir Ihnen einen
kleinen Merkzettel für Ihren Weg als Softwarearchitekt mitgeben[2].

Iterativ

Arbeiten Sie iterativ. Unabhängig von Vorgehensmodellen und orga-
nisationsweiten Entwicklungsprozessen sollten Sie kontinuierlich Ihre
(Zwischen-)Ergebnisse beim Entwerfen, Entscheiden, Entwickeln, Kommunizieren und Dokumentieren kritisch hinterfragen. Achten Sie dabei
auf die Rückmeldungen anderer Beteiligter. Ihre Iterationen können zwischen Minuten und Wochen dauern – je nach Aufgabe und gewünsch-
tem Ergebnis.

Proaktiv

Verhalten Sie sich proaktiv. Agieren Sie von sich heraus, fordern Sie aktiv
Ergebnisse von anderen Projektbeteiligten ein, statt passiv zu warten.
Sie tragen als Softwarearchitekt die Verantwortung für die Qualität ei-

---

1 Mit dieser „einen Sache" kündigte Steve Jobs in vielen seiner berühmt gewordenen Vorträge
  Dinge an, die das Potenzial haben, die Welt zu verändern – und viele davon haben die Welt
  verändert. Wir hoffen, dass Sie mit den Hinweisen in diesem Kapitel auch Ihre Welt nachhaltig
  beeinflussen können.
2 Dabei haben wir uns aus unserem eigenen Buch [1] bedient <eigenwerbung>, das wir Ihnen an
  dieser Stelle als weiterführende Lektüre auch empfehlen möchten</eigenwerbung>.

nes Systems, für dessen Langlebigkeit, Flexibilität, Verständlichkeit und korrekte Funktion. Dafür benötigen Sie eine Menge Unterstützung und die Zulieferungen von anderen Menschen – fordern Sie diese Leistungen aktiv ein.

Fordern Sie insbesondere Rückmeldungen zu Ihren Arbeitsergebnissen ein, diese benötigen Sie nämlich für Ihr iteratives Arbeiten!

0-Rhesus-Negativ-Mentalität

„0-Rhesus-Negativ" bezeichnet die mit allen anderen kompatible Blutgruppe. Halten Sie als Softwarearchitekt Ihre Kommunikation kompatibel zu den anderen Projektbeteiligten. Sprechen Sie die Sprachen Ihrer Stakeholder: Lernen Sie fachliche und technische Dialekte, Fachbegriffe der Rechenzentren, Hardwaredesigner oder anderer Beteiligter. Wir setzen voraus, dass Sie *Geek Speak* und technischen Slang ohnehin verhandlungssicher in Wort und Schrift beherrschen.

Mutig – nicht waghalsig

Verhalten Sie sich mutig, niemals waghalsig. Insbesondere zum Entscheiden gehört Mut. Einige Ihrer Entscheidungen werden für manche Projektbeteiligte unbequem sein – Sie müssen sie aber dennoch treffen. Viele Entscheidungen müssen Sie unter Unsicherheiten treffen, d. h. ohne Kenntnis sämtlicher Fakten oder Informationen.

Ein praktischer Tipp für besonders wichtige Entscheidungen: Legen Sie mit den Betroffenen vorab fest, zu welchem Zeitpunkt diese Entscheidung sinnvoll getroffen werden sollte. Bis zu diesem Zeitpunkt können sie als Team dann Informationen sammeln, um die Entscheidung vorzubereiten. Zu diesem Zeitpunkt entscheiden Sie, ohne Wenn und Aber. Dokumentieren Sie die Gründe, die Faktenlage und die Ihnen bekannten Vor- und Nachteile der Entscheidungen. Nur Mut! Oftmals hilft dem Projekt eine suboptimale Entscheidung mehr als lang andauernde Unsicherheit.

Sie benötigen auch Mut, um mit Ihren Kunden oder Auftraggebern über Anforderungen oder Randbedingungen zu verhandeln: Weisen Sie Ihre Auftraggeber mutig auf übermäßig teure (d. h., nicht angemessene) Anforderungen hin – also solche, deren Lösung hohe Aufwände, Komplexität oder Risiken bedeuten.

Kundenorientiert

So oft lesen wir dieses Wort in Imagebroschüren und Firmenpräsentationen, aber so selten erleben wir echte Kundenorientierung in der Praxis. Stellen Sie die Wünsche und Bedürfnisse Ihrer Kunden und Auftraggeber in den Vordergrund Ihrer Tätigkeit: Sie sind der edle Ritter (Kap. 23) Ihrer Kunden. Sowohl Qualitätsmerkmale als auch Randbedingungen sollten Sie von Ihren Kunden übernehmen – und sich in keinem Fall selbst ausdenken (es sei denn, Ihr Kunde fordert Sie dazu ausdrücklich auf).

Angemessen

Angemessenheit zu erreichen, ist eine der schwierigsten Aufgaben für Softwarearchitekten: Sie müssen *angemessene* Strukturen mit *angemessenen* technischen Konzepten entwerfen, dabei *angemessene* Entscheidungen treffen und *angemessen* kommunizieren. Niemand kann für Sie a priori festlegen, wie viel von jedem denn *angemessen* bedeutet – aber jeder erwartet, dass Sie in Ihrer Rolle als Softwarearchitekt das passende Maß finden. Trösten Sie sich damit, dass andere Arten von Architekten auch keine Definition haben, sondern ebenfalls ihre jeweilige Erfahrung spielen lassen.

Risiken und Komplexität kurieren

Risikomanagement gehört zu den klassischen Aufgaben Ihrer Projektleiter. Insbesondere bei den technischen Risiken müssen Sie als Softwarearchitekt zuarbeiten. Agieren Sie hinsichtlich Risiken besonders aktiv und mutig: Weisen Sie auf mögliche Risiken hin, zeigen Sie deren

Konsequenzen auf. Wenn nötig, auch wiederholt – schließlich tragen Sie die Verantwortung!

Komplexität ist immer ein Risiko: Wenn Anforderungen oder Randbedingungen unnötige Komplexität im System verursachen, sollten Sie dies vorab aufzeigen und möglichst verhindern.

Halten Sie für Risiken einen Plan B parat, d. h., zeigen Sie den Betroffenen echte Alternativen und Abhilfen auf!

Perspektiven

Wechseln Sie bewusst von Zeit zu Zeit Ihre Perspektive. Hier einige Beispiele für Perspektivenwechsel, die Ihre persönliche Produktivität und Effektivität steigern:

- Wechsel zwischen statischen und dynamischen Sichten, zwischen Baustein- und Laufzeitsicht

- Wechsel zwischen Strukturen und technischen Konzepten – beide müssen einander ergänzen und zueinander passen

- Wechsel zwischen Anforderung und Lösung – als Architekt müssen Sie stets ein möglichst klares Bild der aktuellen (!) Anforderungen haben, um die jeweils dazu angemessene, passende Lösung zu entwerfen

- Wechsel zwischen Top-down- und Bottom-up-Vorgehen. Arbeiten Sie zeitweise von ganz oben, aus der Vogelperspektive, wechseln Sie zwischenzeitlich zur detaillierten Ansicht von ganz unten

- Wechsel zwischen Black- und Whiteboxes: Sowohl die Außen- wie auch die Innensicht müssen Sie für viele Ihrer Architekturbausteine im Blick behalten

- Wechsel zwischen Entwicklungs-, Betriebs- und Wartungsfokus; gerne dürfen Sie auch weitere Stakeholder Ihres Systems intensiv berücksichtigen

Antizipation

Während des Betriebs Ihrer Systeme kommen garantiert viele Änderungswünsche oder neue Anforderungen auf Sie zu. Bei den langen Lebenszeiten unserer Software ändern sich aber auch die verfügbaren Technologien, Werkzeuge, Frameworks und andere Hilfsmittel. Antizipieren Sie solche Änderungen, indem Sie aktiv die Kommunikation mit den Kunden suchen, mit langjährigen Branchenkennern sprechen und Technologietrends aufmerksam verfolgen.

Selbsteinschätzung

Sie müssen lernen, Ihre eigenen Fähigkeiten realistisch einzuschätzen. Wenn Ihnen die Randbedingungen eine bestimmte Open-Source-Bibliothek vorschreiben, Ihnen damit aber jegliche Erfahrung fehlt, dann sollten Sie entsprechende Experten zu Rate ziehen. Gleiches gilt für Ihre übrigen Architektenaufgaben: Bearbeiten Sie die Dinge selbst, die Sie gut können. Delegieren Sie einige Aufgaben, anstatt schlechte oder gar keine Ergebnisse abzuliefern!

Verantwortung als Softwarearchitekt wahrzunehmen, heißt, sicherzustellen, dass sämtliche Dinge angemessen gut erledigt werden – und nicht unbedingt alles selbst zu erledigen!

Lernen

Schließlich erfordert Ihre anspruchsvolle Aufgabe, dass Sie ständig weiter lernen. Unserer Ansicht nach gehört eine fast unstillbare Neugier zu den Merkmalen der besten Architekten: Sowohl Ihre technischen als auch Ihre kommunikativen und diplomatischen Fähigkeiten benötigen kontinuierliche Weiterentwicklung und Verbesserung. Lernen Sie von Ihren Teams, fragen Sie, lesen Sie, probieren Sie aus. Fragen Sie noch einmal. Regen Sie an, dass in Ihren Projekten regelmäßig Retrospektiven stattfinden, um die Erfahrungen der Mitarbeiter im Team zu verbreiten.

Wir wünschen Ihnen viel Spaß und Erfolg bei der faszinierenden und verantwortungsvollen Tätigkeit als Softwarearchitekt!

Literatur & Links

[1]   Starke, G.; Hruschka, P.: „Software-Architektur kompakt", Spektrum Akademischer Verlag, 2. Auflage 2011.

Über uns

Peter und Gernot

Gründer und Maintainer/Committer von arc42, dem freien Portal für Softwarearchitektur, -dokumentation und -entwurf.

Mitgründer und aktive Mitglieder des International Software Architecture Qualification Board iSAQB

Gernot leitet dort zurzeit die Arbeitsgruppe „Advanced Level Qualification and Certification", Peter engagiert sich für Zertifizierungen und die Internationalisierung.

Dies ist übrigens nicht ihr erstes gemeinsames Buch: Beide arbeiten bereits seit über 20 Jahren zusammen. Seit ihrem ersten Projekt zum Thema „Embedded Real-Time Systems" haben sie für viele Kunden gemeinsam Architekturaufgaben gelöst.

Dr. Peter Hruschka

Informatikstudium an der TU Wien, Promotion über Echtzeit-Programmiersprachen.

18 Jahre im Rahmen eines großen deutschen Softwarehauses verantwortlich für Software-Engineering. Initiator, Programmierer und weltweiter Prediger und Vermarkter eines der ersten Modellierungstools.

Seit 1994 selbstständig als Trainer und Berater mit den Schwerpunkten Software-/Systemarchitekturen und Requirements Engineering, bevorzugt im technischen Umfeld.

Gebürtiger Österreicher, aber seit 1976 Wahl-Aachener. In seiner kargen Freizeit Nordic Walker, Kanute, Golfer und Keyboardspieler.

Peter ist Mitglied der Atlantic Systems Guild – trotz ihrer moderaten Mitgliederanzahl seit mehr als 30 Jahren wegweisend in der Methodenentwicklung. Einige Bücher der Gilde:

entwickler.press

Dr. Gernot Starke

Informatikstudium an der RWTH Aachen, Dissertation über Software-Engineering an der J. Kepler Universität Linz. Langjährige Tätigkeit bei mehreren Software- und Beratungsunternehmen als Softwareentwickler, -architekt und technischer Projektleiter.

1996 Mitgründer und technischer Direktor des „Object Reality Center", einer Kooperation mit Sun Microsystems. Dort Entwickler und technischer Leiter des ersten offizielle Java-Projekts von Sun in Deutschland.

Seit 2011 Fellow der innoQ GmbH.

Gernot lebt mit seiner Traumfrau *Cheffe Uli* und seinen zwei wunderbaren, inzwischen jugendlichen Kindern in Köln.

Hobbys: Yoga, Mountainbiken, (Saxophon-)Jazz und klassische Violin- und Kammermusik, Geocaching, Softwarearchitektur, Kriminalromane.

Einige Bücher aus seiner Feder:

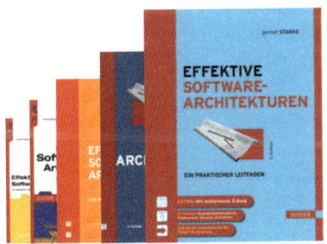